U0090685

中國學術思想 研究輯刊

十 編

林 慶 彰 主編

第 31 冊

民國讀經問題研究（1912 - 1937）

林 麗 容 著

花木蘭文化出版社

國家圖書館出版品預行編目資料

民國讀經問題研究（1912 - 1937）／林麗容 著 — 初版 — 台北
縣永和市：花木蘭文化出版社，2010〔民99〕
序 2+ 目 2+130 面；19×26 公分
（中國學術思想研究輯刊 十編；第 31 冊）
ISBN：978-986-254-360-3（精裝）
1. 教育史　2. 民國史　3. 經學
520.9208　　　　　　　　　　　　　　　　　　99016467

ISBN - 978-986-2543-60-3

9 789862 543603

中國學術思想研究輯刊
十 編　第三一冊　　　　　　ISBN：978-986-254-360-3

民國讀經問題研究（1912 - 1937）

作　　　者　林麗容
主　　　編　林慶彰
總 編 輯　杜潔祥
出　　　版　花木蘭文化出版社
發 行 所　花木蘭文化出版社
發 行 人　高小娟
聯絡地址　台北縣永和市中正路五九五號七樓之三
　　　　　電話：02-2923-1455 ／傳眞：02-2923-1452
網　　　址　http://www.huamulan.tw 信箱 sut81518@ms59.hinet.net
印　　　刷　普羅文化出版廣告事業
封面設計　劉開工作室
初　　　版　2010 年 9 月
定　　　價　十編 40 冊（精裝）新台幣 62,000 元　　　版權所有·請勿翻印

民國讀經問題研究（1912 - 1937）

林麗容　著

作者簡介

林麗容

一、學　歷

嘉義市垂楊國民小學畢業

嘉義市縣立玉山初級中學畢業

嘉義市嘉義女子高級中學畢業

臺北縣輔仁大學歷史學學士學位

臺北市國立臺灣師範大學歷史學碩士學位

法國巴黎第四大學西洋歷史學碩士學位

法國巴黎第一大學國際關係博士前期學位

法國巴黎第四大學歷史學博士前期學位

日本東京大學哲學博士候選人

法國巴黎第一大學國際關係博士候選人

法國巴黎高等社會科學研究院社會學博士候選人

法國巴黎第四大學歷史學博士學位

法國巴黎第一大學政治學博士學位

二、留　學

日本東京大學－中國哲學研究所

法國巴黎索爾本大學－歷史學研究所、國際關係研究所、經濟學研究所、政治學研究所

法國巴黎夏爾特大學院－法國歷史學研究所

法國巴黎高等社會科學研究院－社會學研究所

美國加州大學－教育學研究所

三、遊學與研究

美國－柏克萊大學教育研究中心（2001 年 6 月－8 月）

德國－柏林哥德語言文學研究中心（2002 年 6 月－8 月）

俄羅斯－加里寧格勒人文與觀光研究中心、聖彼德堡市容與社會研究中心（2006 年 7 月－9 月）

四、藝術專長

佛朗明哥舞、肚皮舞、踢踏舞、歐洲歌劇、國際聲樂、古典流行歌、通備武術、太極拳、巴西森巴舞、臺灣民謠、美姿美儀與美容化妝。

五、經　歷

真理大學觀光休閒學院「世界文化與觀光」、「觀光社會學」與通識教育學院「社會科學概論」、「歷史方法」、「國際關係」、「社會分析」、「文學與藝術」、「研究方法」、「日本多元文化研究」、「歐盟多元文化之研究」、「瑞士多元文化剖析」、「義大利的美食與文化圈」、「西班牙的海鮮與佛朗明歌舞之研究」、「德國文化與浪漫主義」、「越南文化型之研究」、「法國文化研究」等專任助理教授。

國立臺灣師範大學「歐洲文化與觀光」和「臺灣史地導遊與觀光」助理教授．國立臺

灣師範大學法語中心「法語」助理教授・Alliance Française「法語」助理教授・輔仁大學「歷史與思考」和「西方歷史人物評析」等助理教授・國立臺北大學「中日關係史」、「法國史」、「瑞士史」等助理教授・長庚大學醫學院「西方歷史人物評析」和「中西醫學史」助理教授。輔仁大學「中國通史」和「臺灣史」講師・東吳大學「中國通史」講師・國立臺灣工業技術學院（今日的國立臺灣科技大學）「中國近現代史」講師・淡水工專（今日的真理大學）「中國近現代史」講師・光武工專（今日的北臺灣科學技術學院）「中國近現代史」講師。北一女高中「歷史」教師、復興高中「歷史」教師、強恕高中「歷史」、「英文」、「日文」專任教師、東山高中「歷史」教師、及人國中「歷史」教師、興福國中「歷史」教師。嘉義水上萬能工商「國文」、「英文」、「數學」等專任教師。

臺北市臺灣基督長老教會謝禧明牧師「教育秘書」、宜蘭縣羅東鎮陳五福醫師「史懷哲之友會秘書」（1980 年麗容負責主辦在臺北市的「史懷哲之友國際大會」，開幕式邀請當時臺北市長李登輝先生蒞臨演講）、臺北縣新莊高中第十屆、第十一屆、第十二屆等三屆家長會副會長。

2003 年－2007 年任臺灣留法比瑞同學會理事長。

2004 年 12 月參選臺北縣立法委員・2005 年 12 月參選臺北縣縣議員。

六、專長領域

語言能力－英國話、日本話、法國話、韓國話、德國話、西班牙話、義大利話、拉丁文、俄國話、阿拉伯話、匈牙利話、越南話、泰國話、中國話、臺灣話。

社會科學－歷史學、政治學、社會學、教育學、經濟學、文學、宗教學、哲學。

專研領域－法國歷史與文化、德國歷史與文化、瑞士歷史與文化、義大利歷史與文化、西班牙歷史與文化、法國教育問題、法國社會問題、國際關係、中國史、中國哲學、中日關係史、史學方法、臺灣史、臺灣史地導遊、法國巴黎導遊、歐洲文化與觀光、世界文化與觀光。

七、專 書

林麗容：《民國以來讀經問題之研究（1912－1937）》，臺北：華世出版社，1991 年，236 頁。

Lin Li-Rong, Marianne, *La question chinoise du Second Empire à la IIIe République, 1856-1887*, Lille: Université de Charles de Gaulle-Lille III, 2001, 508 p.（林麗容：《法國從『第二帝國』到『第三共和』之中國問題研究（1856－1887）》，法國里耳：戴高樂大學－里耳第三大學出版，2001 年，508 頁）

林麗容：《西方見聞錄》，臺北：三民書局出版社，2004 年，258 頁。

林麗容等著：《Social Science 社會科學概論》，臺北：景文書局，2005 年，288 頁。

林麗容：《痕：夢回巴黎》，臺北：潘朵拉出版社，2005 年，480 頁。

林麗容：《臺灣一聲雷》，臺北：上大聯合出版社，2007 年，156 頁。

林麗容：《瑞士文化史研究》，臺北：五南圖書出版股份有限公司，2008 年，380 頁。

林麗容：《歐洲研究論集》，臺北：上承文化有限公司，2009 年，400 頁。

林麗容：《論「文化碰撞」之瑞士》，臺北：上承文化有限公司，2009 年，98 頁。

Marianne Lin（林麗容）：「L'étude du mouvement étudiant français de Mai 1968（1968 年

5 月法國學生運動再研究）」，臺北：上承文化有限公司，2009 年，106 頁。

林麗容：《世界文化與觀光》，臺北：上大聯合股份有限公司，2009 年，217 頁。

林麗容：《法蘭西文化之研究》，臺北：上承文化有限公司，2010 年，262 頁。

林麗容：《國際社會學》，臺北：上大聯合股份有限公司，2010 年，126 頁。

林麗容：《世界旅遊文化》，臺北：上大聯合股份有限公司，2010 年，242 頁。

林麗容：《中西歷史方法研究》，臺北：上大聯合股份有限公司，2010 年，114 頁。

八、現任

真理大學通識教育中心「社會科學概論」、「歷史方法」、「瑞士多元文化剖析」、「法國文化研究」與觀光休閒學院「世界文化與觀光」等專任助理教授。

中文提要

讀經在歷代政府尊崇重視下，研讀聖賢典籍乃成為中國歷代士人必經之人生歷程。因此經學得以保有其至高無上的特殊地位，在世代交替中發揮其影響力。

隨著中體西用思想的開展，清廷的教育改革，雖仍欲保持經學之獨尊地位，終以不合時勢之需求，遭到各方的反對與責難。宣統三年，中央教育會議決議廢除小學讀經時，仍因保守分子的激烈反對，以及中央政府的不表支持，終告失敗。由此開啟民國元年教育部廢經學之契機。自辛亥革命成功後，隨著新思潮的衝擊與中國社會結構的改變，進一步的教育改革，乃成為必然之舉。

在蔡元培出掌教育部後，鑑於清朝之教育宗旨與學制課程俱已不符合民國時代之需求，遂著手教育改革。在教育改革中，陸費逵與『教育雜誌』實扮演著推動的角色。隨著政府的北遷，政權亦淪入袁世凱手中，在袁氏帝制的野心下，尊孔與讀經亦告復活。隨著北伐的勝利，國民政府乃有統一中國教育的政策產生，其具體措施即是以三民主義思想貫徹於教育宗旨之中，自此而後，中國之教育發展與變革乃有規範可循，甚至部分地方軍政首長如何鍵、陳濟棠、宋哲元等，由於深感赤禍與日寇的威脅，亦欲藉此激勵民族精神來加以對抗。如胡適與陳濟棠之公開衝突，即可作為新舊學者讀經論爭的導火線。

『教育雜誌』自清末以來，即執中國教育研究之牛耳，至此階段在主編何炳松的積極策劃下，乃向全國教育家徵稿，對讀經問題加以徹底的檢討。大部分有留學外國的經驗，所學則以教育、國文兩學門最多，然而其他學科之參與者亦不少，使此問題能得到各種角度之討論。以職業而論，參與者則以教育界居多，其中尤以大專教授為主，而使此論戰之素質由是提高。至於參與者之地區，則大多集中於上海、南京、廣州、北平等城市。

然而在論戰的過程中，對於藉由經書暸解中國文化之本源一點，亦曾取得雙方的共識。因此如何在課程改革中適切地安排經書之角色與地位，亦成為未來讀經問題之新課題。在此論戰中，由於折中調和之意見居多，頗能反映出國人傾向中庸的心態。

日文提要

　　中国思想史において経学の形成と変化は、中国思想を形造ると共にその性格を規定する主たる原動力である。経書を読むことは、歴代の読書人が必ず通らなければならない重要な過程の一つであった。しかし、このような経学独尊の状態は、近代の中国と西洋との接触の過程の中で揺れ動くこととなった。西洋文明の衝撃に対して、伝統的経学は抵抗の作用を発揮することができなかったために、その輝きはだんだん色あせて調和の段階に入った。

　　中体西用論の展開に従って、清朝の朝廷の教育改革も大きな影響を受けた。そのまま経学の特権的な地位を維持しようとしたが、結局時代の流れの要求に合わなかったために、いろいろ反対と非難に遭遇することになった。にもかかわらず、宣統三年（1911）に中央教育会議が小学校の「読経」（儒学の経典を読むこと）廃止を決議した時には、やはり保守分子が激しく反対し、中央政府もそれを支持しなかったため、実施されたのは、民国元年、中華民国教育部の下においてであった。辛亥革命が成功した後、新思潮の衝撃と中国の社会構造の変化によって、教育の改革は必至の形勢となり、蔡元培が教育部部長（文部大臣）になった。清朝の教育の宗旨と学校制度の課程では、民国の時代の要求にぴったり符合しなかった。そこで、陸費逵などが協力して、読経の課程と孔子を祭祀する礼を学校の規則から削り取った。この時の教育改革においては、陸費逵と『教育雑誌』が推進の役割を演じた。民国政府が北京に移るとともに、政権は再び袁世凱の手に落ちた。袁世凱の帝国制度を復活したいという野心が、「尊孔」の儀式（年に一度孔子を祀る習慣）と学校での読経を再復活させた。つまり、尊孔の実施によって、「皇帝」になるための地固めを行ったのである。これは重要なエピソードである。袁世凱の帝制が失敗した後に、黎元洪が大総統を継承すると、学校の読経は再び廃止された。しかし、読経を主張する気風は衰退しなかった。例えば、徐世昌、段祺瑞、張作霖などが続いて政治を牛耳る時代にも中央政府が読経の設置を提唱したことがある。地方政府においても軍閥のコントロール下にある時、又読経が主張された。そこで、読経を提唱することがこの時期の特色になった。

　　国民党の北伐戦争の勝利とともに、国民政府は中国を統一する教育の政策を採用した。具体的には三民主義の思想を、「教育宗旨」（指導要綱）にとり入れた。その後の中国における発展と変革は、この教育宗旨の規範をめぐり歩くことができた。この時期に中国共産党が抵抗したり、日本の軍閥が侵略したので、中国は艱難辛苦の危局に臨んでいた。この状況下で、国民政府は政略上「安内攘夷」の措置を取り、そして、多くの種類の文化運動を提唱して、国民の愛国の情操と自強の信念を高揚せしめた。中国教育界においては、教育変革のよって、国家的危機から脱出を計ろうとする者が現れた。そこで、連続して「教育救国」の討論を展開した。甚だしきに至っては、一部の地方の軍政リーダー、例えば、何鍵、陳濟棠、宋哲元などは中国共産党と日本軍が国民政府に対する脅威を与えると考えた。そこで彼らも民族精神を鼓舞するために、中国共産党と日本軍に対抗し、読経の設置を提唱した。このように読経の提唱は一部の保守学者の支持を獲得したが、教育学者がそれを非難したので、読経問題をめぐる論争が発生した。広東では胡適と陳濟棠の論争が公開され、これをきっかけに上海では『教育雑誌』を論争の

主戦地として読経論争が展開された。

　『教育雑誌』は清末に創刊されて以来、中国の教育問題を研究する支配的な地位に立ち、非常に重要視された。民国二十四年（1935）まで、編集長何丙松の計画下で、専門家に原稿を募り、主に読経問題について徹底的に検討した。読経問題は民国初期以来、すでに何度も学者の論争を引き起こしてきた。そこで各地の学者たちはこの問題を重視するようになり、自ら進んで今回の検討に参加した。読経問題はあらゆる角度から問題点を検討することができた。討論者の態度と主張を含んで分類し、帰納したのが以下の諸派で、即ち、「絶対賛成読経派」、「相対賛成読経派」、「相対反対読経派」、「絶対反対読経派」、「綜合派」などであった。平均年齢は「絶対賛成読経派」の主張者の年齢が最も高かった。しかし、「絶対反対読経派」の主張者の年齢は最も若かったわけではない。これは注意すべき現象である。職業としては教育者が多数を占め、大学教授が主となった。参加者の地域分布に至っては上海、南京、広州、北京などの都市に集中した。これは中国文化の地域分布と関係があった。

　この時期の読経論争の中で、「絶対賛成読経派」は即ち、伝統派の系統から発展してきた。「相対賛成読経派」と「相対反対読経派」は調和派の系統で、「絶対反対読経派」は西化派の系統である。民国建立の初め、西化派と伝統派という新、旧争いが最も激しくなった。五四運動以後、だんだん折衷の路線を発展してきたのは調和派である。以上の三つの派の主張は、又各時期の環境と要求が変わると変更され。且つそれらが継承していた思想も違いがあった。伝統派は「保守主義」の思想を継承し、西化派は「自由主義」の思想を継承した。調和派は「中体西用」の思想を発展させた。

　この三つの思想は読経問題の核心をめぐって対立し、「読経問題」は更に複雑な問題になった。論戦の中心理論の二つの側面：一つは「原理原則論」で、もう一つは「実用価値論」である。

　「原理原則論」の中心は即ち、「相対賛成読経派」と「相対反対読経派」の読経論戦の中心となっていた「本位文化主義」であった。「絶対反対読経派」の主張する「文化的自由主義」、「絶対賛成読経派」の「文化的保守主義」等は議論全体の中心とはなっていなかった。「文化的自由主義」、「文化的保守主義」等は「絶対反対読経派」、「絶対賛成読経派」の議論の中心であったものの、議論全体の大勢はしめていなかった。「相対賛成読経派」と「相対反対読経派」は経書を読むことを適度に採用するという、いわゆる調和論者である。彼らは当時の主流の地位を占めた。そのメンバーは読経論争の中で一番多くそのうえ、多くの人は「新知識分子」であった。全ての参加者を総合して見ると、大部分が外国への留学の経験を持っていた。中でも教育学、中国文学の研究をした人が多かったが、他の研究をした人も今回の論議に参加していた。「新知識分子」という人々とは大部分、欧米や日本への留学生で、「教育学」と「心理学」という二つの知識を持つ。彼らは当時の教育に対して積極的に働きかけ、これが当時の学生の心理的需要に応え、教育の効果を発揮することができた。原理原則価値論の働きは「整合」（integration）である。即ち、「西洋文化」と「中国文化」を折衷して、一つの新しい「理想」を作り上げることができる──「方法、機能の統合」（the synthesis of operation and function）。更に「本位文化主義」を発展し、中国の「当時、当地の需要によって、適度に西洋文化と中国文化を採用する」。これは当時の読経問題を解決した。

「実用価値論」も読経論戦の中心である。当時、「絶対賛成読経派」や「相対賛成読経派」、「相対反対読経派」、「絶対反対読経派」等が中心としたテーマは、「中、小学校は読経をすることができるのか」であった。皆、いろいろな見解を提出したが三つの実用価値の論題に帰納することができる：

（1）国家にとって、読経は救国の目標を達成させることができるのか。

（2）社会にとって、固有道徳と固有知識、並びに才能を回復し、腐敗した社会の気風を挽回させることができるのか。

（3）教育にとって、学校の読経は当時の教育の偏向を矯正し、欠点を直すだけの効果があるのか。

　若し、以上の答えが肯定であるとすれば、民国二十六年（1937）に何故日本によって中国は侵略されたのか。それには中国教育の実施現況を深く理解することが必要である。民国二十二年（1933）に呉俊升は大公報で「新教育の理論と実施の価値を再び見積もて定める」を発表した。彼の「中国には一つの哲学が必要である」の文には中国人が中国の固有文化と当時の社会を必ず考察し、そして一つの普遍の哲学を確立すると書かれている。呉氏の見解は「本位文化主義」と似ている。彼は、すべて教育に頼って国難を救うことはできないとする。そこで、「本位文化主義」の主張は多くの人の支持を獲得する。主に国民の民族観念を養成し、及び国民の民族の自信を回復するのは当時としては重要なことであった。そこで、その時「修身」と「道徳」は学校で強調されるところとなり、それは知識教育に入って、「実学」になった。

　つまり、論戦の参加者は彼らの思想と主張を総合して論じ、読経の賛成者が読経の課程に細密な計画や明確な目標を持ち、そして国家の文化の危機の挽回策を講じて救済することを呼びかけた。最近台頭してきた教育学者は読経に反対したので、読経問題について論戦を挑み続けた。結局、読経の主張は挫折したが、しかし読経論戦の過程のおいて、「経典によって、中国文化の『本源』を理解する」という点に関しては、読経賛成者と読経反対者との双方の認可を受けた。経典にはそのような働きがあったということが分かった。他の書籍をもって取って代ることはできないのである。そこで、読経問題の討論を再開し、如何に教育課程の改革の中に適切に経典の役割や地位を位置づけるかということ、これが新しい課題となった。又当時の論争中、読経の折衷案を主張した意見が最も多く、これは中国人の中庸の道の考えを反映したものであったが、このような傾向の考え方によっては読経問題は根本的な解決を得ることができない。そして、読経問題は情勢に従って、性格が変化していった。このことは、民国時代の読経問題の特色として重要視すべきである。

序 ··· 序 1

前　言 ··· 1

第一章　讀經問題之源起 ·························· 3

　第一節　歷代經學之轉變 ···················· 3

　　一、清代以前經學之演變 ·················· 3

　　二、清代經學之發展 ······················ 6

　　三、中體西用觀念之開展 ·················· 9

　第二節　清末教育改革與讀經論爭之初現 ···· 11

　　一、清末之教育改革 ····················· 11

　　二、清末讀經存廢之論爭 ················· 22

第二章　民初讀經論爭之延續（1912－1928）···· 29

　第一節　民元廢經之探討 ··················· 29

　　一、知識階層結構之重組 ················· 30

　　二、影響廢經的時代思潮 ················· 31

　第二節　孔教運動與讀經之恢復 ············· 34

　　一、孔教運動與讀經 ····················· 35

　　二、袁世凱時期尊孔讀經之恢復 ··········· 38

　第三節　讀經廢續與軍閥之提倡 ············· 41

　　一、讀經再廢與存續 ····················· 42

　　二、軍閥提倡讀經 ······················· 45

第三章　讀經論戰之高峰與發展（1928－1937）·· 49

　第一節　抗戰以前之教育改革 ··············· 49

　　一、三民主義教育宗旨之建立與特質 ······· 49

　　二、祀孔之廢除與恢復 ··················· 53

　　三、內憂外患下的文化建設 ··············· 54

　第二節　讀經觀念之復現與論戰之爆發 ······· 59

　　一、讀經觀念之復現與倡導 ··············· 59

　　二、讀經論戰之引發 ····················· 68

　第三節　讀經論戰之高峰與轉變 ············· 70

　　一、讀經論戰之高峰——《教育雜誌》 ······ 71

目

次

　　　二、倡導讀經之發展及其衰微
　　　　　──陳濟棠、何鍵、宋哲元 ················· 74

第四章　讀經論戰之分析 ················· 81
　第一節　讀經論戰之人事分析 ················· 81
　第二節　讀經論戰之派別與主張 ················· 110
　　　一、學校讀經宜從小學開始 ················· 110
　　　二、經書是我國先哲心傳之不朽傑作 ·········111
　第三節　讀經論戰中心理論之剖析 ················· 116
　　　一、中心論與邊陲論 ················· 116
　　　二、實用價值論 ················· 118

第五章　結　論 ················· 121

徵引書目 ················· 123

附　表
　表 1-1：學校系統表（一）──欽定學堂章程 ············· 13
　表 1-2：學校系統表（二）──奏定學堂章程 ············· 14
　表 1-3：奏定學堂章程初等小學堂必修科課程表 ·········· 17
　表 1-4：奏定學堂章程高等小學堂必修科課程表 ·········· 18
　表 1-5：奏定學堂章程中學堂必修科課程表 ············· 19
　表 4-1：論戰人事資料表 ················· 82
　表 4-2：論戰人數統計表 ················· 94
　表 4-3：論戰年齡統計表 ················· 94
　表 4-4：論戰籍貫分佈表 ················· 96
　表 4-5：論戰學歷分析總表 ················· 97
　表 4-6：論戰學歷分析略表 ················· 99
　表 4-7：論戰就學各國表 ················· 99
　表 4-8：論戰學門分類表 ················· 100
　表 4-9：論戰職業分類表 ················· 101
　表 4-10：論戰所在地統計表 ················· 103
　表 4-11：論戰所屬機關表 ················· 104
　表 4-12：論戰所屬社團表 ················· 106
　表 4-13：論戰與教誌關係表 ················· 107

序

　　「讀經問題」是民國以來教育史上的一件大事，也是民國政治史上的一件大事。可惜竟無學者多加以研究，以致迄今尚未有問津者，這實在是一個不應有忽視的問題。

　　「讀經問題」從表面上看來，雖是中、小學生是否應該讀經的問題；實際上所涉及的層面相當地廣泛，其中涵蓋自清末以來中西文化論戰的問題，傳統派與現代派之爭，乃至新舊思想衝突的問題，因之而有贊同派、反對派及折衷派，非僅自清末以迄抗戰時期的爭論不休，甚至政府撤退來台以後，還曾一度有人舊事重提，引起一陣餘波盪漾。

　　讀經一事，原本是一個見仁見智的問題，教育界與學術界的論辯已夠熱鬧，想不到竟又與政治扯上關係，因之增加其複雜性。不但民初時期北方的軍閥如袁世凱、徐世昌、段祺瑞、張宗昌、張作霖等輩，企圖以尊孔讀經為護符，並以傳統儒學來對抗新思想。北伐以後，國民黨政府也曾因內憂外患日益嚴重，冀憑藉傳統文化建設國民的新思想。如當時所推行的儒教復興運動、新生活運動以及中國本位文化運動，都與此一中心理念息息相關。此外，還有幾位地方上的軍事強人，如山西的閻錫山、冀察的宋哲元、湖南的何鍵、廣東的陳濟棠等提倡讀經，有他們自己的一套想法。推崇儒學，有的想以之抵抗帝國主義，有的想以之阻止共產思想，真是五花八門，令人眼花撩亂。其中的細節，翻閱本書即可知曉，毋庸於此贅述。

　　麗容在讀大學時，即是我的學生。其後進入師大歷史研究所，又選修我的課程。因而對於她的勤勉好學和進取精神，留有極為深刻的印象。這個題目經過麗容數年的努力下，大作因而能完成。其後，麗容又前往日本與法國經過十數年的學術的歷練，終於獲致今日豐碩的成果，殊足令人快慰，是為序。

王家儉　于師大歷史研究室

民國 99 年 1 月 18 日

前　言

　　在中國面對西方文化衝擊時，傳統學術之核心——經學之存廢，乃成為眾所關注的焦點，因而在民國初年掀起幾度討論讀經之熱潮。藉著對讀經論爭源流背景之考察與問題癥結之解析，吾人除可瞭解國人教育觀念之變化外，並對傳統學術在中國現代化歷程中的處境與調適，有所認知。

　　讀經問題始自清末時期，經歷民國初期之發展而延續迄今，其關係實不可謂不大。由於個人能力與資料之限制，本論文僅對民國元年迄至民國二十六年之間的讀經問題，加以探討。除對經學史加以簡略地回顧外，並對清末的改革所引發的紛爭，詳予探究。在主題的抉擇上，乃以讀經教育的變革為考察之焦點，同時亦對導致此變化之政局與思潮加以闡述。由於資料之缺乏，個人僅能就此過程中的幾個轉折點，略加說明。

　　對於民初思想的研究，近年來已有日多之趨勢，唯其成果仍多集中於五四時期或少數思想家之特質，對於一九三〇年代中國思潮的探討，仍是尚待開發的領域。若就中國現代教育史之研究而言，就管見所及，現有之成果似仍侷促於幾個教育家或教育理論的探討，對於實際教育興革問題的研究，則尚待倡導。故本論文之撰寫，或亦可稍彌補此一缺憾。

　　至於讀經所涉及之人事問題，甚為複雜，唯現存資料除《教育雜誌》第二十五卷第五號之《讀經問題專號》，較為豐富與具體外，其餘均甚零散。前人著作論及此問題者，除坊間數本教育史曾零星描述外，則仍未見有專書問世，甚者連單篇之專題論文亦不可得！因此在缺乏可供參考之研究成果下，本論文之資料來源與撰述方法，不得不以《教育雜誌》為取材對象，並對論戰個人之資料加以考究，務期能藉「點的突破」而達到「面的掌握」。

學校讀經自清末起曾有數度之存廢，本論文即依此存廢之時間而細分章節，以求對幾個轉捩點有所確認。在論文中，除前言與結論外，本文共分四章：第一章除簡述傳統經學之流變外，並對清末之教育改革與學校讀經存廢之首度論爭加以探討，來做爲全篇之背景與源頭。第二章自民國元年蔡元培的廢除小學讀經談起，繼之以袁世凱的恢復讀經及黎元洪的再度廢除讀經，並對此時期軍閥普遍倡導讀經之現象，加以考察。第三章對北伐完成後，中國政局的變化與教育的改革加以論述，且對守舊軍人之倡導讀經特加注意，以爲民國二十四年讀經論戰之時代背景。第四章則對參與讀經論戰之人事、主張暨中心理論，分別予以解析，以瞭解長期醞釀下的中國教育界之轉化及本階段論戰之特色以做爲全篇的終結。

在此艱辛的研究歷程中，個人因才識之囿限，相關資料之匱乏，屢屢構成對此研究的莫大阻礙，以致時撰時輟，困擾頗多！幸蒙業師王家儉教授不厭其煩地提供資料，指點觀點，細改全文，使本論文得以完成。在此謹致最深之謝忱，亦盼望在未來生涯中，個人能精益求精，更上層樓，以不辜負恩師之所教誨與期許。

本論文承蒙王家儉、陸寶千、陳三井等三位師長，熱情賜教，得以改正本論文之諸多謬誤，特此深致謝忱。此次出版，承蒙花木蘭出版社高小娟負責人和杜潔祥總編輯二人大力協助，於此麗容表示十二萬分的謝意。

第一章　讀經問題之源起

　　民國元年教育部廢止小學讀經之決定，打破綿延兩千多年經學教育傳統，樹立了民國教育改革之先聲；無疑地此舉影響之深遠，是可料想得到的。然而舊傳統既已被破壞，卻未能確立優良的新傳統以代之！是以倡議讀經之聲與恢復讀經之舉，於民初時期屢屢復現，而導致新舊思想之衝突；加上國內政局與外國勢力之交互糾纏，更使讀經問題複雜多變。

　　欲探索讀經問題，首先須對經與讀經有所認識。為瞭解經之特質與意義，自須往經學史中去求解答。因此本章首先對歷代經學發展予以粗略的回顧，繼而在近代讀經問題直接關聯的清代經學方面予以考察，以闡明讀經觀念轉變之取向與原因，以為問題產生之背景。其次，乃針對讀經問題發生的導火線的「教育改革」加以探討，藉以瞭解變革之意義與影響。

第一節　歷代經學之轉變

　　皮錫瑞曾說：「凡學不考其源流，莫能通古今之變；不別其得失，無以獲從入之途。」〔註1〕唯有以探源、考辨的方法，方能瞭解事物的原貌；因此對歷代經學發展之探討，實為研究讀經問題的入手門徑。

一、清代以前經學之演變

　　經學是由《詩》、《書》、《禮》、《樂》、《易》、《春秋》所構成的。其基本

〔註 1〕 皮錫瑞，《經學歷史》，台北：河洛圖書出版社，民國 63 年 9 月台景印初版，頁 19。

性格，徐復觀先生認為是：「古代長期政治、社會、人生的經驗積累，並經過整理、選擇、解釋，用作政治社會人生教育的基本教材的。」〔註2〕徐氏之言實已說明了經書在中國古代形成的實況。在經學形成之過程中，孔子對於經書的整理與價值之轉換，使其處於關鍵性的地位〔註3〕；唯孔子並非形成的開始，亦非形成之終結〔註4〕。盧元駿雖肯定孔子對六經定名之貢獻，卻認為「必到說『經』的傳和記出世以後，與『經』相合，才可稱之為『經學』。」〔註5〕盧氏以為有了對經書的研究著述，經學始可成立，其說是值得參考的。

徐復觀認為經學發端於周代，周公則為經學的開創者〔註6〕。周公將經學由殷人尊神、事神，先鬼後禮的宗教性格，轉化為人文性；而《詩》、《書》、《禮》、《易》、《春秋》等之制作與撰述〔註7〕，與周公亦有密切之關係，凡此都可證明周公確為經學的奠基者。

春秋時代隨著文化的累積與進步，經學進入成長之階段〔註8〕。此時的《詩》、《書》、《禮》、《樂》等已成為貴族的基本教材，而《易》亦由卜人之手，轉歸於史官掌管〔註9〕。由於史的文化水準較卜人高，故史對卦辭的解釋，較卜人含有更多的合理性；此後周易亦成為貴族教養之憑藉。〔註10〕

經學之基礎，要待孔子及其後學的整理，始真正建立。《史記·孔子世家》稱孔子以「詩、書、禮、樂教」，最能道出孔子的教育精神；孔子與經書之關係甚為密切，他將《詩》、《書》、《禮》、《樂》作為人生教養的典範〔註11〕，亦即把貴族之文化教養普及於平民；孔子曾經讀《易》，並因魯史記而作《春秋》，至此先秦典籍與孔門乃有緊密地結合。迨至戰國後期，荀子的門人把《易》與《詩》、《書》、《禮》、《樂》、《春秋》合併在一起，所謂六經之組合，方告竟功〔註12〕。此即先秦時代經書的範圍。

〔註2〕 徐復觀，《中國經學史的基礎》，台北：台灣學生書局，民國71年5月，頁1。
〔註3〕 徐復觀，《中國經學史的基礎》，頁13。
〔註4〕 同註2。
〔註5〕 盧元駿，〈經學之發展與今古文之分合〉，見王靜芝等著，《經學論文集》，台北：黎明文化事業股份有限公司，民國70年元月初版，頁82－83。
〔註6〕 徐復觀，《中國經學史的基礎》，頁3。
〔註7〕 徐復觀，《中國經學史的基礎》，頁2。
〔註8〕 同註6。
〔註9〕 徐復觀，《中國經學史的基礎》，頁4。
〔註10〕 徐復觀，《中國經學史的基礎》，頁5。
〔註11〕 見《論語·泰伯》。
〔註12〕 徐復觀，《中國經學史的基礎》，頁48。

　　自秦火後，經學之發展受挫；至漢惠帝四年明令除挾書之禁，乃爲經學開啓復甦之契機。此時的經書多爲老儒口述，用漢代之文字「隸書」寫成的，因而與先秦之經書有所不同，此即爲今文經。及漢武帝即位，用董仲舒「罷黜百家，獨尊儒術」之言，設立五經博士，至此經書乃取得政治上的法定權威之地位〔註13〕。武宣時期所設的博士，計有《詩》、《書》、《禮》、《易》、《春秋》等五經十四家，即所謂今文十四博士；而《樂》已因無經而去除〔註14〕。由羣經並立官學之現象，足見經學於西漢已達鼎盛。

　　西漢之經書，爲漢朝人以當時之文字寫定的。直至哀平之際，劉歆於中秘校書才發「古文經」。平帝時，劉歆請以古文經立於學官，時值王莽主政，爲求收攬人心及設立《左氏春秋》、《毛詩》、《周禮》、《古文尚書》等四個古文經學博士〔註15〕。及王莽政權覆亡，古文博士乃廢；迨至鄭玄兼採今古文家之說，義理與訓詁並重，經今古文之爭乃漸泯沒〔註16〕。

　　南北朝時代隨著時局的演變，形成經學的南北對立。然其性質已一轉兩漢「經與經爭」之性質，而爲「經解與經解之爭」。南朝經學宗王肅之說，並夾雜魏晉以來清談玄學之成分；北朝則宗鄭玄之學，仍存質樸形式〔註17〕。

　　迨隋平江南，天下復歸統一，南北經學亦隨政治之轉變而歸於一致。及唐太宗即位，命孔穎達、顏師古編纂《五經正義》，以統一南北經學〔註18〕。正義中，詩用《鄭箋》，《儀禮》亦襲鄭注，《尚書》取僞孔安國傳，《易》依王弼，《春秋》則用杜氏，業已顯現綜合南北的用心。直至諸經正義成爲學校講習與考試之定本，經學思想逐入於凝固狀態〔註19〕，隨後即產生「讀經與通經」之爭。韓愈鑑於唐代選仕之明經科只限於章句之記誦，並無意義上之申論，乃力主求經旨大義，掃除繁瑣義疏〔註20〕；傳統派則主張嚴守注疏與暗記經文。自六朝以迄唐代，經學實無新的開展，可謂爲經學之衰落時期；然而韓愈直指人倫，掃除繁瑣章句之研經方法，業已開啓宋儒治經之新

〔註13〕徐復觀，《中國經學史的基礎》，頁76。
〔註14〕徐復觀，《中國經學史的基礎》，頁81。
〔註15〕范文瀾，《中國通史簡編》第二編，頁117。
〔註16〕鄺士元，《中國學術思想史》，台北：里仁書局，民國70年7月台二版，頁285。
〔註17〕同註16。
〔註18〕鄺士元，《中國學術思想史》，頁287。
〔註19〕同註18。
〔註20〕鄺士元，《中國學術思想史》，頁332。

途徑。〔註21〕

北宋初年，「讀經與通經之爭」仍舊延續；至慶曆年間，風氣漸變，疑經之風較唐末益盛。宋代疑經之說，大致可別爲三類：一是懷疑經義之不合理。二是懷疑先儒所公認經書之著者。三是懷疑經文之脫簡、錯簡、訛字等。在疑經著者上，如疑《十翼》非孔子之所作，疑《古文尚書》二十五篇之眞僞等意見，已一一爲清代經學家所證實，故宋代對學術資料之鑑別已有所突破。

南宋時，朱熹以四書爲教材，乃提升四書地位在五經之上；此後非僅「十三經」之名確立，而且儒家思想由「尊周孔，重政治」，一變而爲「尊孔孟，重教育」〔註22〕。

元代科舉以朱熹的《四書集註》及經書命題，改變前此科考以五經爲主之現象〔註23〕，惟五經課本雖已注重宋儒註疏，然古註疏卻仍不廢。〔註24〕

明代科考採八股文之形式，明太祖且規定作答根據朱註；明成祖令胡廣等編四書五經大全，以爲標準本。自此經書全用宋理學家註，古註疏乃遭廢棄〔註25〕。至明代中葉，社會瀰漫著不重經書之風氣，此風氣主要導因於理學家以經書爲糟粕的觀念〔註26〕。而陽明弟子之以心性相標榜，更導致人人廢學，束書不觀之弊〔註27〕；此外，士子專以誦習時文爲舉業捷徑，亦導致棄經書傳注而不讀〔註28〕。

二、清代經學之發展

清代可視爲經學之中興時期，究其原因約有三端：（一）帝王之提倡。清聖祖對朱子學的重視，至老弗衰。在上者既有喜好，在下者自然更甚。而程

〔註21〕同註20。

〔註22〕胡美琦，《中國教育史》，台北：三民書局，民國67年7月，頁12。

〔註23〕同註22。

〔註24〕胡美琦，《中國教育史》，頁418。

〔註25〕同註24。

〔註26〕陳獻章，《白沙子》（四部叢刊續編本），卷五，頁1，「張内翰祥廷書括而成詩呈胡希仁提學」說：「古人棄糟粕，糟粕非眞傳，吾能握其機，何必窺陳編。」卷五，頁9，「藤蓑」說：「吾心内自得，糟粕安用那。」轉引自林慶彰，〈實證精神的尋求：明清考據學的發展〉，收於《中國文化新論・學術篇》，台北：聯經出版公司，民國70年12月，頁336。

〔註27〕林慶彰，〈實證精神的尋求：明清考據學的發展〉，頁297。

〔註28〕同註27。

朱之學雖以作聖賢爲目的，然仍視經書爲入手門徑，因此學者乃重視經書之研讀〔註29〕。（二）理學至王陽明以後已由盛極生弊，內容且流於荒誕空虛，致令學者返趨於經書之探求，以明聖賢眞義所在，樸實無華之經學乃應運而興。（三）滿族入主中原，以文字獄爲箝制漢人思想之手段，一時通儒碩學爲苟全性命，乃競研與世無涉之經學。在上述三種因素影響下，經學乃再度蓬勃發展。

　　清初學者以宋學爲根柢，兼採漢學之長，學風謹嚴，其代表人物爲顧炎武、胡渭、閻若璩，而以顧氏最爲特出。顧氏治學，主「博學於文」和「行己有恥」，此精神適足以力矯王學末流之弊，而樹立清代經學之楷模。其所主張之「經學即理學」、「捨經學無理學」，乃清代經學正本清源之論。胡渭所撰之《易圖明辨》，掃除宋儒邵雍一派道士式之易學。閻若璩之《古文尚書疏證》則力辨東晉梅賾《古文尚書》之僞。清代經學藉此三位前驅引導，由是發達起來。

　　乾隆以後，許愼、鄭玄之學大明，治宋學者漸少，說經主實證，不空談義理，是爲專門之漢學。此階段之代表人物惠棟與戴震，主張爲經學治經學，與顧炎武之「通經致用」，大異其趣。惠戴之學，各被名爲吳派、皖派，其間似有甚深門戶之見。其實戴氏常以前輩之禮事惠氏，二人後學且常交相師友，並無門戶對立之見；且其治學立場皆是「實事求是」、「無徵不信」，原無差異。然而其所以區分爲吳派、皖派者，乃因二氏治學方法之異所致。蓋惠氏尊聞好博，戴氏則深刻斷制；惠氏獨尊漢學，幾有「凡漢必是」之觀念，戴氏則綜刑名、任裁斷。惠氏於考據訓詁外，力求創獲；戴氏撰《孟子字義疏證》欲建立其「情感哲學」，以矯宋儒理學不通情欲之弊。惠氏一脈，其後有江聲、王鳴盛、錢大昕、汪中、江藩等；戴氏傳人則有盧文弨、孔廣森、段玉裁、王念孫、王引之等，俱爲清代著名之經學家。惟以治學成績相較，則吳派後學似略遜於皖派。

　　道光以後，漢學又由東漢許愼、鄭玄之說上溯至西漢博士之學；易宗虞氏以求孟義〔註30〕，書宗伏生、歐陽、夏侯〔註31〕，詩宗魯、齊、韓三家

〔註29〕陸寶千，《清代思想史》，台北：廣文書局，民國 67 年 3 月初版，頁 157－174。

〔註30〕「虞」，即指虞翻；「孟」，即指孟喜。清儒研究虞氏易的，如張惠言的《周易虞氏義》、《周易虞氏消息》、《虞氏易禮》、《虞氏易言》、《虞氏易事》、《虞氏易候》，曾釗的《周易虞氏義箋》，李銳的《周易虞氏略例》，胡祥麟的《虞氏

〔註32〕，春秋則宗公、穀二傳〔註33〕。於是西漢博士今文說，於淪喪千餘年之後，又告復現。此後學者不特知漢宋之別，且曉今古之分。〔註34〕

到了清末，經學本身復萌危機，此則源始於康有爲。康氏著《新學僞經考》以攻擊古文經，以爲古文經都出劉歆僞造；又撰《孔子改制考》，謂孔子盡作五經，旨在託古改制；其復倡以孔教爲國教〔註35〕，將孔子之地位與諸子同列。康氏此舉，實爲打破經學傳統之作，引起學者對「經學」本身之質疑與辯難，實爲近代讀經問題之濫觴。

綜觀近代以前傳統經學之發展，似可以《易經》之「簡易、變易、不易」三性質來作解釋；以「變易」而言，《四庫全書總目》之經部總敘，認爲經學二千年來之發展，凡有六變：（一）漢代：篤實謹嚴，其弊也「拘」。（二）魏至北宋：各自論說，不相統攝，其弊也「雜」。（三）宋代：務別是非，其弊也「悍」。（四）宋末至明初：見異不遷，其弊也「黨」。（五）正德、嘉靖以下：各抒心得，其弊也「肆」。（六）清初：徵實不誣，其弊也「瑣」〔註36〕。在其評語中，「悍」、「黨」、「肆」牽涉到治學態度問題，亦顯現出經學發展受人爲因素影響之大。總目並歸結此發展爲漢學、宋學兩家〔註37〕，清代之經學，亦即往傳統探求新的養分，以爲開創之指導，其變化仍在傳統內爲之。

儘管經學由於作爲科考之依據，而與政治緊密結合，然其本身亦有發展

易消息》，均爲一時之作。

〔註31〕清儒研究伏生、歐陽、大小夏侯「今文尚書」的，如陳喬樅的《今文尚書經說考》、《尚書歐陽夏侯遺說考》，魏源的《書古微》，陳壽祺的《尚書大傳輯校》，亦堪佳作。

〔註32〕清儒研究魯、齊、韓「今文詩」的，如迮鶴壽的《齊詩翼氏學》，陳喬樅的《三家詩遺說考》、《齊詩翼氏學疏證》、《詩四家異文考》，范家相的《三家詩拾遺》，阮元的《三家詩補遺》，丁晏的《三家詩補注》，馮登府的《三家詩異文疏證》，江瀚的《詩四家異文考補》，王先謙的《詩三家義集疏》，魏源的《詩古微》，堪稱出類拔萃之作。

〔註33〕清儒研究《公羊傳》、《穀梁傳》的，如孔廣森的《春秋公羊通義》，凌曙的《公羊禮疏》、《公羊禮說》、《公羊問答》，陳立的《公羊義疏》，劉逢祿的《公羊何氏釋例》、《公羊何氏解詁箋》，鍾永丞的《穀梁補注》，許桂林的《穀梁釋例》，柳興宗的《穀梁大義疏》等，均頗爲著名。

〔註34〕皮錫瑞，《經學歷史》，頁341。

〔註35〕康有爲，《孔子改制考》，上海，1897年；康有爲，〈第二次上書〉，見《戊戌變法文獻彙編》第二冊，台北：鼎文書局，民國62年9月，頁131－155。

〔註36〕紀昀等，《四庫全書總目》，北京：中華書局，1964年12月，頁1。

〔註37〕同註36。

之動力；經書雖自六經增至十三經即不復再加，但其所開創之中國學術，卻擴大爲經、史、子、集四部，亦可想見其活力。我們試以總目經部之十類與十三經相對照，除每一經書俱已發展出自己的研究傳統外，尚多出早已散佚之樂經一類。由此可知，經書實爲傳統學術之本源，亦顯現出以經書爲發展核心的「簡易」及萬變不離經書範圍的「不易」性質。

三、中體西用觀念之開展

　　晚清在西力衝擊下，經學獨尊之局面已被打破；爲有效地回應此一挑戰，乃有明識之士主張吸收西方文化。當時士大夫普徧地認爲中國圖存之道，唯在求富求強。欲達此目的，則最佳之策莫若取法西方，遂使含意籠統之「西學」成爲眾所關注之焦點〔註 38〕。然而西學雖須講求，中國傳統之學術，尤其是經學，卻難以全部割捨。因此在面對中西學術之差異，如何疏通其違礙鑿枘之處，以減低講求西學之阻力，此即爲「中學爲體，西學爲用」調和論產生之背景。晚清言變，大體不離此格局。

　　對「中體西用」觀念之鼓吹，以張之洞最具代表性。張氏之見解，乃揭櫫在光緒二十四年所刊布的《勸學篇》中。西學隨列強東傳，確已爲中國社會帶來莫大之困擾。《勸學篇》指出此舉所造成的矛盾，爲「圖救時者言新學，慮害道者守舊學，莫衷於一。〔註 39〕」甚者造成新舊紛爭，中西互詆，於各自偏執之中，業已貽誤中國自強之生機。張氏以爲此種隱憂，乃因時人不明中西學術實有互補之處而起；因而進一步加以會通調和，其立論爲「中學爲內學，西學爲外學；中學治身心，西學應世事。〔註 40〕」張氏先肯定中學爲立身處世之根本，以求取保守分子之認同，再將西學貶爲末用，以減低國人習取西學之屈辱感。張氏並認爲須先知所本，方可通其用；對中西新舊之間，應該知所取捨彌縫。至於中國之本何在呢？張氏以爲在於「舊學」，亦即經史子集四部〔註41〕；而其所謂「西用」，則偏重於取法「西政、西藝、西史」〔註 42〕。在學習態度上雖是「新舊兼學」〔註 43〕，然於實行步驟上，卻

〔註38〕譚嗣同，《譚瀏陽全集・治言篇》，《近代中國史料叢刊》第二八五冊，台北：
　　　　文海出版社，頁 425。
〔註39〕張之洞，《勸學篇・序》，《近代中國史料叢刊》第四八二冊，台北：文海出版
　　　　社，頁 1 上－1 下。
〔註40〕張之洞，《勸學篇・會通》第十三，頁 48 上－48 下。
〔註41〕張之洞，《勸學篇・循序》第七，頁 27 下。
〔註42〕張之洞，《勸學篇・設學》第三，頁 9 下。

是先通中學以立其本，繼習西學以達其用。總之，「中體西用論」實自分判中西學術之異同而起。張氏以對立互證之法，求其調和互補之道。自表面看來，似將中西學術等量齊觀，實則在護持中國舊傳統之前提下，酌取西學西法，以通濟中國之用，冀免於淪亡之禍。張氏此種思想，實可代表晚清進步、保守知識分子之救亡主張〔註44〕。

張氏之《勸學篇》，尚未使用「中學爲體，西學爲用」或「中體西用」這兩個名詞。「中學爲體，西學爲用」一詞可能爲梁啓超總括張氏之思想而創用〔註45〕。儘管有人曾對其訓詁意義加以批評，然就其所發揮的作用而言，卻激揚了國人的愛國心，使之捐棄成見，而能取人之長，補己之短，令中國文化振衰起敝。由於清帝對《勸學篇》的重視，乃著令由軍機處頒發各省督撫、學政，廣爲刊揚教導，而成爲正式的教育政策。其影響實不容忽視，至少在與本論文相關的教育改革方面，便曾發揮推動的力量，如京師大學堂〔註46〕與南洋公學〔註47〕便在「中體西用」觀念下創立；而各地書院之普遍轉化爲新式學堂，進而衍生更廣泛的私塾改良，亦是緣此觀念而產生的〔註48〕。

「中體西用論」倡始於晚清，其在肯定傳統學術價值的前提下，主張有條件地吸取西學，實爲突破傳統格局的新觀念。而此種認知無論成熟與否，皆已超越前人之識見。此外「中體西用」觀念，亦代表中國知識分子對西方文化的新態度；即是承認西學之實用功能，並取之以輔助中學之不足〔註49〕。

〔註43〕 同註42。

〔註44〕 梁啓超指出基本上以西學緣附中學者，態度都是保守的。以上見梁啓超，《清代學術概論》，台北：中華書局，民國59年，頁64；李國祁，《張之洞的外交政策》，《中研院近史所專刊》第二十七期，民國59年，頁2。

〔註45〕 王家儉，〈由漢宋調和到中體西用：試論晚清思想的演變〉，刊於《師大歷史學報》第十二期，民國73年6月，頁190。

〔註46〕 京師大學堂即日後的「北京大學」。光緒二十九年十一月，張百熙、張之洞等釐訂「京師大學堂章程」，妥籌具奏，明定立學宗旨云：「至於立學宗旨，無論何等學堂，均以忠孝爲本，以經史之學爲基，俾學生心術壹歸於純正，而後以西學淪其智識，練其藝能，務期他日成材，各適實用，以仰副國家造就通才，慎防流弊之意。」學堂既興，恐士人競談西學，中學將無人肯講，故在「奏定大學堂章程」內，於中學課程尤爲注重，凡中國向有的經學、史學、文學、理學，無不包舉靡遺。此即根據「中體西用」的教育宗旨所訂定之課程標準。

〔註47〕 南洋公學即日後的「交通大學」。

〔註48〕 王爾敏，〈晚清政治思想及其演化的原質〉，收入氏著，《晚清政治思想史論》，台北：學生書局，民國58年9月初版，頁13。

〔註49〕 王爾敏，〈清季知識分子的中體西用論〉，收入氏著，《晚清政治思想史論》，

第二節　清末教育改革與讀經論爭之初現

清末爲適應西方之衝擊，我國教育思想亦有相當地變化，由「中學獨尊」變爲「中學爲體，西學爲用」〔註50〕。故教育制度與學校課程亦有不同的調整。

在此變化過程中，西方自然、社會科學與各種技藝之湧入，固然急劇地動搖了舊有典籍之獨優地位。然經學歷此波折，亦蛻去傳統光輝的外衣，而降爲普通之學科。此一經學沒落之趨向，隨著科舉之廢除及西化之加強，更爲衛道之士所憂慮。故於此特藉清末頒行「學堂章程」之探討，以及光緒二十八年至宣統三年間讀經課程之考察，以瞭解其中的經過原委。同時亦擬從讀經的論爭中，解析「讀經問題」產生之背景與癥結之所在。

一、清末之教育改革

清末的教育制度，因改革思潮之推移而步入近代的形式，改易了數千年來的傳統規制，其影響無疑是革命性的。在此變革過程中，每一階段均有其不同的發展重心、思想導引與影響。初時尚是在教育制度方面因受中體西用思想之指引，而有劇烈地改變；此後乃又及於教育方法、理論等層面的改革。總之，近代思想解放影響於教育改革的，實爲至深且鉅〔註51〕。

（一）清末新式教育之開展

由於對西學的追求，清末乃有新式教育的萌生，然其作法卻深受「中體西用」觀念之影響，如上海廣方言館、湖北自強學堂、福建船政學堂等，俱採中西學術兼授之作法，尤以讀經爲重〔註52〕。然其教育成效，卻依然不彰。推究其因，有下列三點：

1. 此等學校種類雖多，然於制度上均爲一級制，其上既無繼續深造之機構，其下亦乏預備學校，無法收循序漸進之效。
2. 教育目的著重一技一藝之傳授，忽略文化的陶冶。
3. 中國舊教育制度猶存，科考仍然舉行，致令一般青年學子不願就讀此

頁 67。
〔註50〕王連生，《教育概論》，台北：樂群出版事業有限公司，民國 65 年，頁 33。
〔註51〕王爾敏，《近代中國思想研究及其問題之發掘》，台北：台灣學生書局，民國 66 年 4 月，頁 12。
〔註52〕陳青之，《中國教育史》，台北：商務印書館，民國 52 年 9 月，頁 561－564。

　　類學校〔註53〕。

　　甲午戰後，我國教育思想從以實用爲主的西藝教育，轉爲以制度爲重的西政教育〔註54〕。而有識之士在深感前舉新式教育之缺失，以及日本實施普及教育之刺激，乃有倡議興學之風；唯此等學堂仍係各自爲政，尙無系統連貫之可言。直至光緒二十四年戊戌變法時期，軍機大臣暨總理衙門奏請開辦京師大學堂，以轄各省學堂，方露教育系統之端倪〔註55〕。由梁啓超所草擬之京師大學堂章程，亦成爲我國近代最早之學制綱要，影響日後的欽定、奏定學堂章程〔註56〕。

　　由於戊戌政變的發生，致令維新措施歸於廢棄，新教育之推行因而受到打擊，然京師大學堂幸未廢除。庚子事變後，中國之國際地位日趨低落。教育方面之變革乃再度受到重視，因而有光緒二十八年「欽定學堂章程」之頒布。「欽定學堂章程」亦即「壬寅學制」，它是依據「京師大學堂章程」修訂而成的。其後之「奏定學堂章程」及教育宗旨等，多以此章程爲藍本。

　　爲了有系統的發展新式教育，故必須先有整體的規劃，學堂章程即在此要求下產生的。光緒二十八年之欽定學堂章程，對全國學制之規劃甚爲詳備（見表1-1）。

　　此表將教育發展劃分爲普通、實業、師範教育三大部分。其中普通教育分爲三段七級〔註57〕；實業教育列有三級〔註58〕；師範教育則分爲二級〔註59〕。在課程安排上，自蒙學堂起，即設有修身、讀經等課程；京師大學堂文學科中，亦有經學一門，足見讀經在各級學校中所受到的重視。唯此章程頒佈後，未及實行，即告廢止，而代之以新制，是即爲「奏定學堂章程」〔註60〕。

〔註53〕陳青之，《中國教育史》，頁569。

〔註54〕莊吉發，《京師大學堂》，台北：台大文學院，民國59年8月，頁4。

〔註55〕王鳳喈，《中國教育史》，台北：正中書局，民國56年10月台六版，頁287、289。

〔註56〕黃中，《我國近代教育的發展》，台北：商務印書館，民國69年5月，頁50。

〔註57〕普通教育第一階段爲初等教育，分蒙學堂、尋常學堂及高小學堂三級。第二階段爲中等教育，僅設中學堂一級。第三階段爲高等教育，置高等學堂或大學預備科、大學堂及大學院三級。

〔註58〕實業教育分簡易、中等及高等三級。

〔註59〕師範教育分師範學堂、師範館二級。

〔註60〕王鳳喈，《中國教育史》，頁285－289。

表 1-1：學校系統表（一）——欽定學堂章程（光緒二十八年）

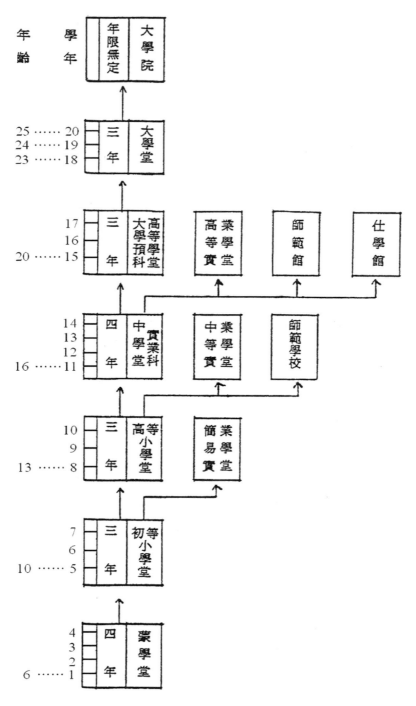

資料來源：王鳳喈，《中國教育史》，頁 285。

表 1-2：學校系統表（二）——奏定學堂章程（光緒二十九年）

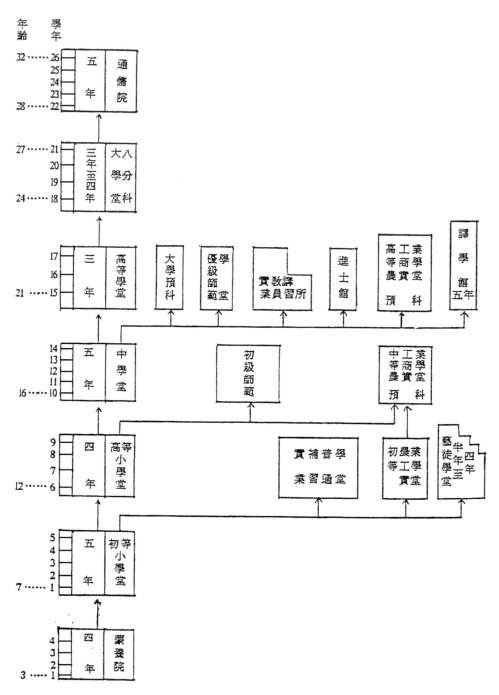

資料來源：王鳳喈，《中國教育史》，頁 288。

　　光緒二十九年，張百熙、張之洞、榮慶又撰「奏定學堂章程」（見表 1-2）
〔註61〕，以取代「欽定學堂章程」。

　　奏定學堂章程開卷有「學務綱要」一冊，對於整個教育提要說明。學校
系統亦分三段七級〔註62〕，然以經學份量較重為特點，此乃張之洞兼採日本
學制參以己意之結果〔註63〕，亦可視作「中體西用」觀念的實踐。關於課程
安排之用意，張百熙於章程原奏中言：「以忠孝為本，以經史之學為基，俾學
生心術壹歸於純正。〔註64〕」由此可知其以傳統德育為重。至於西學之教育
功能，則著重於「瀹其知識，練其藝能」〔註65〕，而由「用」的觀點著眼。
至於教育之目標，則在造就通才，頗能符合傳統教育之理念。

　　有關各科課程之選擇亦曾深加考慮，如修身一科規定摘講陳宏謀之養
正、訓俗、教女、從政、官法戒錄等五種遺規〔註66〕，其目的即在培養學生
敦尚倫常之心，鼓舞奮發之氣，亦即注重人倫道德之培育。其次讀經講經及
中國文學二科，在課程中亦占相當份量。此因張氏認為外國學堂有宗教一
門，而中國之經書即是中國之宗教；若學堂不讀經書，則是道統倫常之盡行
廢絕，則中華必不能再立國於世，故特於學務綱要中指出「中學堂宜重讀經，
以存聖教。」此為經書正式列為新式學堂課程之理由。

　　儘管奏定學堂章程有細密的規劃，然其實際影響卻是因人因地而有不
同，如梁鼎芬對讀經一門頗多讚揚，便認為「世家學塾，城鄉有名義學，
未能有此。〔註67〕」乃採取肯定的態度；湖南則因經費困難，師資缺乏，以
及守舊分子之抗拒等因素，以致成效不彰〔註68〕。浙江亦因學生程度未有整
齊一致的劃分，以致循序漸進的理想無法實現〔註69〕。光緒三十二年三月，

〔註61〕　王鳳喈，《中國教育史》，頁 288。
〔註62〕　初等教育分為蒙養院、初等小學堂及高等小學堂三級。中等教育僅「中學堂」
　　　　　中級。高等教育分高等學堂或大學預備科、分科大學及通儒院三級。
〔註63〕　陳青之，《中國教育史》，頁 587。
〔註64〕　陳青之，《中國教育史》，頁 359。
〔註65〕　同註 64。
〔註66〕　奏定學堂章程，〈立學總義章第一〉，中學堂各學科分科教法第四節，引自多
　　　　　賀秋五郎，《近代中國教育史資料・清末篇》，頁 279。
〔註67〕　梁鼎芬，《節庵先生遺稿》，香港：楊敬安印行，民國 54 年，頁 95。
〔註68〕　張朋園，《中國現代化的區域研究：湖南省》，台北：中央研究院近代史研究
　　　　　所，民國 72 年 12 月再版，頁 172、194。
〔註69〕　李國祁，《中國現代化的區域研究：閩浙台地區》，台北：中央研究院近代史
　　　　　研究所，民國 71 年 5 月，頁 487。

學部奏請以「忠君、尊孔、尚公、尚武、尚實」五項爲教育宗旨。四月，奉上諭批准公布。其中「忠君、尊孔」二項目的即在發揚傳統思想以拒異說〔註70〕。清廷爲宣揚尊孔之意，除於光緒三十二年十一月將祭孔升爲大典外，並命張之洞籌設曲阜學堂，以倡研孔子之學〔註71〕。然而此舉實受日本講習孔子之學昌盛的刺激所致〔註72〕。「尚公、尚武、尚實」則是針對中國民族性之缺失而設計的，以做爲改進國民道德之準繩。

儘管此時傳統經學已失去其學術主流之地位，而淪爲普通的學科，然於政府之教育政策中，經學仍扮演著重要的角色。

（二）清末經學課程調整之趨勢

自將讀經列入學堂章程後，其後隨著時局的轉變與實際的需要，而又做必要之調整。

1. 光緒朝的經學課程

「奏定學堂章程」雖源自「欽定學堂章程」，然對讀經之重視並無二致。如孝經、四書、禮記節本等均列爲完全科必讀之經書。其讀法安排爲：第一年每日得讀四十字，第二年六十字，第三、四年約百字，第五年約一百二十字；如此循序漸增，每日課讀，五年計可讀十萬零一千八百字。在時間的分配上，則有課內、課外之別。課外每週讀經六小時，挑背及講解亦有六小時，合計十二小時。此外，尚令兒童誦讀古詩歌以做爲音樂之教材〔註73〕。

在讀經課程的份量上，「奏定學堂章程」較「欽定學堂章程」亦加重許多。如大學堂本科，欽定學堂章程本設七科，奏定學堂章程則將經學門自文學科分離，而獨設一經學科，成爲八科。高等學堂及優級師範加習經學大義與群經源流；中學堂及師範每週授課三十六小時中，有九小時爲經學，計占四分之一。高等小學堂每週三十六小時，經學占三分之一；初等小學堂每週三十小時，經學爲十二小時，占五分之二。經學課程之受到重視，於此可見。

以下將「奏定學堂章程」中的初等小學堂、高等小學堂、中學堂等的必修課程，列成百分比例表，藉以證明「讀經課程」之地位〔註74〕。

〔註70〕舒新城，《中國近代教育史料》第二冊，台北：中華書局，頁97。
〔註71〕梁鼎芬，《節庵先生遺稿》，頁8。
〔註72〕梁鼎芬，《節庵先生遺稿》，頁6－7。
〔註73〕余書麟，《中國教育史》下冊，台北：國立台灣師範大學出版組，民國60年10月三版，頁920。
〔註74〕余書麟，《中國教育史》下冊，頁920－921。

表 1-3：奏定學堂章程初等小學堂必修科課程表

科目 \ 年級	第一年級	時數	比例	第二年級	時數	比例	第三年級	時數	比例	第四年級	時數	比例	第五年級	時數	比例	合計	時數	比例
修身	摘講朱子小學忠介人譜等有益風化詩歌	2	1.3%	摘講朱子小學忠介人譜等有益風化詩歌	2	1.3%	摘講朱子小學忠介人譜等有益風化詩歌	2	1.3%	摘講朱子小學忠介人譜等有益風化詩歌	2	1.3%	摘講朱子小學忠介人譜等有益風化詩歌	2	1.3%		10	6.5%
讀經講經	讀孝經論語每日四十字	12	8%	讀論語學庸每日六十字	12	8%	讀孟子每日一百字	12	8%	孟子及禮記節本每日百字	12	8%	禮記節本每日百字	12	8%		60	40%
中國文字	習字附講靜虛實各字之區別	4	2.6%	積字成句之法	4	2.6%	積句成章之法	4	2.6%	積句成章之法	4	2.6%	積句成章之法	4	2.6%		20	13%
算術	二十以下之算術加減	6	4%	百以下之算術加減乘除	6	4%	常用之加減乘除	6	4%	加珠算	6	4%	教小數	6	4%		30	20%
歷史	鄉土之大端故事及本地古先名人事實	1	0.7%	鄉土之大端故事及本地古先名人事實	1	0.7%	歷朝年代國號及聖主賢君之大事	1	0.7%	本朝開國大略及列聖仁政	1	0.7%	本朝開國大略及列聖仁政	1	0.7%		5	3.5%
地理	講鄉土之道路建築古跡山水	1	0.7%	講鄉土之道路建築古跡山水	1	0.7%	本縣本府本省之地理山水	1	0.7%	中國地理幅員大勢	1	0.7%	中國地理與外國毗連之關係	1	0.7%		5	3.5%
格致	講鄉土之動植礦	1	0.7%	講鄉土之動植礦	1	0.7%	重要動植礦之形象	1	0.7%	重要動植礦之形象	1	0.7%	人生生理及衛生之大略	1	0.7%		5	3.5%
體操	有益之運動及遊戲	3	2%	有益之運動遊戲兼普通體操	3	2%	有益之運動遊戲兼普通體操	3	2%	有益之運動遊戲兼普通體操	3	2%	有益之運動遊戲兼普通體操	3	2%		15	10%
總合計	每週總時數	30	20%	每週總時數	30	20%	每週總時數	30	20%	每週總時數	30	20%	每週總時數	30	20%	總時數	150	100%

表 1-4：奏定學堂章程高等小學堂必修科課程表

科目	第一學年			第二學年			第三學年			第四學年			合計	
		每週時數	比例		每週時數	比例		每週時數	比例		每週時數	比例	每週時數	比例
修身	讀四書兼讀有益風化之詩歌	2	1.4%	讀四書兼讀有益風化之詩歌	2	1.4%	讀四書兼讀有益風化之詩歌	2	1.4%	讀四書讀有益風化之詩歌	2	1.4%	8	5.6%
讀經講經	讀詩經每日約一百二十字	12	8.3%	詩經書經每日約一百二十字	12	8.3%	書經易經每日一百二十字	12	8.3%	易經及儀禮節本每日一百二十字	12	8.3%	48	33.2%
中國文學	讀古文習楷書習官話	8	5.6%	讀古文習楷書習官話	8	5.6%	作短篇記事文習行書	8	5.6%	兼作記理文	8	5.6%	32	22.4%
算術	加減乘除及諸等數	3	2.1%	比例百分數	3	2.1%	比例百分數	3	2.1%	百分算求積日用簿記	3	2.1%	12	8.4%
中國歷史	中國歷史	2	1.4%	中國歷史	2	1.4%	中國歷史	2	1.4%	中國歷史	2	1.4%	8	5.6%
地理	中國地理	2	1.4%	外國地理	2	1.4%	外國地理	2	1.4%	外國地理	2	1.4%	8	5.6%
格致	動植礦及自然之現象	2	1.4%	尋常物理化學之形象	2	1.4%	尋常物理化學之形象	2	1.4%	兼授生理衛生	2	1.4%	8	5.6%
圖畫	簡易之形體	2	1.4%	簡易之形體	2	1.4%	簡易之形體	2	1.4%	簡易之幾何畫	2	1.4%	8	5.6%
體操	普通體操有益之運動兵式體操	3	2%	普通體操有益之運動兵式體操	3	2%	普通體操有益之運動兵式體操	3	2%	普通體操有益之運動兵式體操	3	2%	12	8%
總合計	每週總時數 36	課程比例 25%		每週總時數 36	課程比例 25%		每週總時數 36	課程比例 25%		每週總時數 36	課程比例 25%		總時數 144	總比例 100%

表 1-5：奏定學堂章程中學堂必修科課程表

科目	第一學年 課程	時數	比例	第二學年 課程	時數	比例	第三學年 課程	時數	比例	第四學年 課程	時數	比例	第五學年 課程	時數	比例	合計 時數	比例
修身	摘講陳宏謀五種遺規	1	0.6%	摘講陳宏謀五種遺規	1	0.6%	摘講陳宏謀遺規	1	0.6%	摘講陳宏謀五種遺規	1	0.6%	摘講陳宏謀遺規	1	0.6%	5	3%
讀經講經	春秋左傳每日二百字	9	5%	春秋左傳每日二百字	9	5%	春秋左傳每日二百字	9	5%	春秋左傳每日二百字	9	5%	周禮節本每日二百字	9	5%	45	25%
中國文學	讀古文作文習楷書行書	4	2.2%	讀古文作文習楷書行書	4	2.2%	讀古文作文習楷書兼習小篆	5	2.8%	讀古文作文習楷書兼習小篆	3	1.7%	兼講中國歷代文章名家	3	1.7%	19	10.6%
外國語	講解文法會話作文習字	8	4.4%	講解文法會話作文習字	8	4.4%	講解文法會話作文習字	8	4.4%	講解文法會話作文習字	6	3.3%	講解文法會話作文習字	6	3.3%	36	19.8%
歷史	中國史	3	1.7%	中國史及亞洲史	2	1.1%	本朝史及亞洲史	2	1.1%	本朝史及亞洲史	2	1.1%	本朝史及亞洲史	2	1.1%	11	6.1%
地理	總論及中國地理	2	1.1%	中國地理	3	1.7%	外國地理	2	1.1%	外國地理	2	1.1%	地理文學	2	1.1%	11	6.1%
算術	算術	4	2.2%	算術代數幾何簿記	4	2.2%	代數幾何	4	2.2%	代數幾何	4	2.2%	幾何三角	4	2.2%	20	11%
博物	植物動物	2	1.1%	植物動物	2	1.1%	生理衛生礦物	2	1.1%	生理衛生礦物	2	1.1%				8	4.4%
理化										物理	4	2.2%	化學	4	2.2%	8	4.4%
圖畫	自在畫、用器畫	1	0.6%	自在畫、用器畫	1	0.6%	自在畫、用器畫	1	0.6%	自在畫、用器畫	1	0.6%				4	2.4%
法制及理財													法制及理財	3	1.7%	3	1.7%
體操	普通操、兵式操	2	1.1%	普通操、兵式操	2	1.1%	普通操、兵式操	2	1.1%	普通操、兵式操	2	1.1%	普通操、兵式操	2	1.1%	10	5.5%
總合計	每週總時數	36	課程比例 20%	每週總時數	36	課程比例 20%	每週總時數	36	課程比例 20%	每週總時數	36	課程比例 20%	每週總時數	36	課程比例 20%	總時數 180	總比例 100%

　　由上列諸表所顯示的趨向，顯示隨著年級的晉升而讀經時間之百分比亦遞減，然仍居所有科目之首位。在此有幾個現象值得注意：(1)讀經時間雖然遞減，但是每日之學習量卻是遞增，此乃配合學生之承受能力所作之規定。(2)學生所讀經書中，孝經、論語、孟子、詩經、書經、易經、左傳皆為全本；禮記、儀禮、周禮則為節本；尚有公羊、穀梁、爾雅三經未列入，可見讀經是有選擇性。(3)孝經列為初等小學堂第一年級研讀，符合「忠孝」之立學宗旨。(4)四書在讀經與修身課程中均列入，除含有尊孔之意義外，亦為配合傳統道德教育之要求。(5)讀經課的經名稱之為「讀經講經」，教法則列有講解、誦習兩種，乃欲改進往昔讀經教育「讀而不講」之缺失。從上述現象看來，可知經學教育隨時勢潮流已有所改進。

　　然而此種過度重視傳統經學之做法，卻深受海內外教育家之非議，認為小學堂讀經有違教育原理與時代潮流。其甚者且有上書學部，請求減少讀經時間的；而在學堂教育中亦有自行減少時間以塞責者〔註 75〕。在此重重阻礙下，經學教育之實行效果，遂大打折扣。在中學堂之修身課程中尤著重於身心之修養，其內容大抵從歷史人物之傳記取其有關修養和成就之話語或行為，來做教材〔註 76〕。儘管每週只有一小時，有些學生仍以「修身不由語言傳受」為由，欲加以減去而代以希臘文科〔註 77〕；此種增加外國語之要求，乃成為中學堂改革之方向。足見此時之學風「尚新不尚舊」；因而使此種過分重視「中學為本」之課程安排，難以收到預期之效果。

2.宣統朝的經學課程

　　晚清於清緒三十一年設立學部，以掌理全國教育之大政，而對小學教育極力提倡；因鑑於舊章所規定的科目太多，讀經時間太重，不合於兒童教育之要求，乃兩度變更初等小學堂章程，尤以課程為主要改良之對象〔註 78〕。第一次改革於宣統元年三月二十六日實行，其要點乃將初等小學堂分為三類：一為五年畢業之完全科。二為四年畢業之簡易科。三為三年畢業之簡易

〔註 75〕顧實，〈論小學堂讀經之謬〉，《教育雜誌》第一年第四期，宣統元年三月二十五日，頁 58。

〔註 76〕參見陶希聖，《潮流與點滴》，台北：傳記文學出版社，民國 68 年 6 月，頁12。

〔註 77〕錢穆，《八十憶雙親師友雜憶合刊》，台北：東大圖書公司，民國 72 年 1 月，頁 55－56。

〔註 78〕陳青之，《中國教育史》，頁 614－615。

科〔註 79〕。課程亦有修改：以完全科爲例，新加樂歌一科，原有的歷史、地理、格致三科則編入文學讀本中教授，最重要的讀經一科亦有三點變更：(1)教材略爲縮減，只授孝經、論語及禮記節本三種，刪除學庸與孟子。(2)時間略爲減少，前兩年不讀經，到後三年每週讀經十二小時。(3)教法原只有講解、誦習兩項，現改爲講解、背誦、回讀、默寫四項。國文一科之鐘點則較前增加數倍，取代了讀經原有之首要地位〔註 80〕。宣統二年十二月二十六日，第二次修改初等小學堂章程，其重點是把三類初等小學堂併爲一類，一律定爲四年畢業，取消簡易科名目。讀經課程之教材與時間較前更少：前兩年仍不讀經，禮記節本被刪除不讀，時間亦減爲每週五小時〔註 81〕。

　　高等小學課程亦有修改，讀經課程之教材與時間均有變動或減少：初小刪除之《大學》、《中庸》、《孟子》、《禮記》節本皆移在高小教授，高小原有之教材除保留《詩經》外，其餘《易經》、《書經》、《儀禮》節本均被剔除；前三年時間由十二小時減少一小時，第四年則減至十小時〔註 82〕。

　　中學堂於宣統元年三月二十六日亦加修改，其考慮之因素有二：(1)大學堂及高等學堂既已分科，中學不分，將來難於升學。(2)中學生年齡已長，興趣與志願各不相同，原定中學課程過於繁重，易蹈博而不精之病。因而仿照德國中學的辦法，分爲文實兩科〔註 83〕。文科採「中學爲主，西學爲輔」；實科採「西學爲主，中學爲輔」之原則〔註 84〕。課程雖照原章十二門分授，然依文實性質，各分主課與通習二類。讀經在文科爲主課，在實科爲通習，主課教授時間較通習爲多；學生初入學即分科學習，皆以五年畢業〔註 85〕。宣統三年又再度改訂文實課程，重點在減少讀經鐘點，增加外國語之時數〔註 86〕。

　　綜觀清末之教育改革，大體皆爲模仿外國而來。除前述之中學分科仿自德國外，主要地乃襲用日本之學制，如光緒二十八年之「欽定學堂章程」即

〔註 79〕《教育雜誌》第一年第五期，宣統元年三月二十六日〈教育法令〉，頁 27 - 48。

〔註 80〕陳青之，《中國教育史》，頁 615。

〔註 81〕同註 80。

〔註 82〕陳青之，《中國教育史》，頁 616。

〔註 83〕同註 82。

〔註 84〕《教育雜誌》第一年第五期，宣統元年三月二十六日〈教育法令〉，「學部變通中學堂課本分爲文科實科摺併單」，頁 395 - 402。

〔註 85〕同註 82。

〔註 86〕同註 82。

係抄自日本。光緒二十九年之「奏定學堂章程」，除張之洞自己增加的經學課程外，亦是師法日本。此乃因中國朝野鑑於中日政體相似，較合國情需要，且日本維新有成，咸以從日本間接學習西洋的近代化最為簡便〔註87〕，而易產生好的效果。然而此種抄襲之章程雖是規制宏大，卻由於國力不足以將全部實行，結果乃變成大而無當之物，因而其後乃又有兩次的修改。

若以光緒朝及宣統朝之經學課程來比較，則可發現其教材與時間均有削減的趨勢。誠然張之洞在「奏定學堂章程」中安排經學課程時，已加以規劃與簡化（如十三經只讀七經與三種節本）。唯因內容艱深，不適宜兒童學習；且占時太多，不合現實需要，乃有宣統朝的兩度變革。在此改良過程中，小學所讀經書由十種變成五種（四全本一節本）；相應於此，初小前二年則不讀經，後二年每週只有五小時，高小亦有減少。似此讀經時數減少之速，重視兒童教育之原理，皆可視為中國受新教育思想影響而有所變更。此外，以國文代替讀經之做法亦是新的發展趨勢，此舉並成為未來之教育政策。唯此時中學的國文要做策論與經義，其中經義乃摘取經書的文句而加以解釋〔註88〕，亦可算是變相的讀經，足見讀經之餘蔭仍然存在。

二、清末讀經存廢之論爭

在清末教育改革的同時，讀經存廢之問題亦逐漸引人關注，甚至進而產生讀經之論爭。追究此一現象之起因，除受西學衝擊之背景因素外，主要的還是受中國本身的反對力量而形成。這些新知識分子的廢經主張，且獲得「中央教育會」及全國學界之支持。唯亦有一派舊知識分子堅決主張讀經，恢復聖教，冀求藉經學以抗邪風，在互不相讓之情勢下，乃有論爭產生。於此爭論中，讀經存廢之焦點乃侷限在中小學方面，尤其是小學應否讀經更成為爭論的主題。似此討論學齡課程之差異，實乃緣自教育思想之轉變，故二千年視為當然者——讀經，竟成為此新時代之問題了。

（一）清廷倡導讀經之努力

光緒二十九年，張之洞等釐訂「奏定學堂章程」時，於學務綱要中即有「中小學宜注重讀經，以存聖教」一條，其理由乃以「經書為中國聖教所在」，

〔註87〕黃福慶，《清末留日學生》，台北：中央研究院近代史研究所，民國72年6月再版，頁3－4。

〔註88〕陶希聖，《潮流與點滴》，頁11。

故不分行業皆須讀之〔註89〕。張氏並在學堂章程中，規定須研讀之經書與程序，以支持此見解。

張之洞爲進一步倡導傳統學術之研習，光緒三十一年乃創設「存古學堂」於武昌，以保國粹而挽狂瀾〔註90〕。初設之課程分經學、史學、詞章及博覽四門，至光緒三十三年裁去博覽一門〔註91〕，此後這三門乃成爲標準課程。張氏此舉得到各省督撫的響應，聲勢更加擴大。及光緒三十四年，山西道監察御史李浚乃建議清廷，請飭各省一律仿照鄂省開設存古學堂一所〔註92〕。此請求爲學部所採納，乃於「分年籌備摺」內，擬定自宣統二年起，通令各省開設。至宣統二年，四川總督趙爾巽首先遵辦，存古學堂乃自成一個系統〔註93〕。爲了將存古學堂納入國家教育體系中，學部於宣統三年修改張氏所定存古學堂章程，而予以明確的地位與規劃。按此規定，存古學堂以「養成初級師範學堂、中學堂及與此同等學堂之經學、國文、中國歷史教員」爲宗旨，並以預儲升入經學科大學之選，每省以設立一所爲限〔註94〕。在課程上則分經學、史學及詞章三門，每門中均分主課、輔助課及通習課三類〔註95〕。藉著存古學堂的倡導，經學之復興展現一絲希望，然而隨著革命的浪潮乃歸於沈寂。

（二）反讀經勢力之形成

儒家經典素爲中國知識分子所尊奉，此因經書非僅爲中國文化之源泉，更是科舉所必試。及清末廢除科舉，經書的地位乃告逆轉，出仕與教育之雙重功能逐漸褪色，反對讀經之聲亦緣勢而起。分析此時反對讀經之因，約有下列數點：

1.危機感的驅使

自鴉片戰爭以來，清廷被迫開放門戶，並受層層不平等條約之束縛。甲午戰敗暨義和團事變，愈暴露清廷無力應付危局之弱點；有識之士受此刺激，遂有拋棄固有文化，反對讀經之主張。

〔註89〕奏定學堂章程，〈學務綱要〉，引自多賀秋五郎，《近代中國教育史資料·清末篇》，頁279。
〔註90〕陳青之，《中國教育史》，頁618。
〔註91〕同註90。
〔註92〕陳青之，《中國教育史》，頁619。
〔註93〕同註92。
〔註94〕同註92。
〔註95〕同註92。

2. 廢除科舉的影響

科舉制度綿延千餘年，早已塑成中國知識分子的人生取向。及科舉被廢，乃改變讀書人讀經只爲應試出仕之觀念，建立國家民族之責任感。知識分子因而抱持「以天下爲己任」的志向，來謀求國家富強之道，咸認爲讀經是無用之舉。

3. 歐美教育理念的啟發

近代西方教育理念輸入中國後，國人乃自覺讀經有不合世界潮流之處。戊戌以前的教育理論爲「蒙以養正」，故對兒童教育一開始即讀經；至戊戌時期，因受歐美教育理論之啓發乃轉變傳統觀念，認爲兒童入世未久缺乏生活經驗，不能告以高深之道。尤以身體發育未全無法運思推理，即令告以抽象之道理亦不易瞭解。倘依傳統之教學方式「只讀不講」，那更是虛耗腦力，戕害身體之事。因此小學教材之選擇，須以兒童日常生活中容易記憶的爲主。中學生之年齡亦不算太大，應以灌輸普通知識爲主，以作爲瞭解高深理念之基礎。

4. 科技人才培養的需要

在現實需求壓力下，科學與技術方面的學科，漸爲教育界所重視。若欲加強技術人才之培育，則須從兒童教育起，將人文修養與生活技能訓練加以區分，以迎合時代之要求。在「人人受教育，人人能生活」〔註 96〕的新式教育技術下，讀經乃成爲不合時宜之舉，故加以反對。

（三）讀經論爭之產生

鑑於「奏定學堂章程」偏重讀經之失，學部於宣統元年已曾經加以修改。但是清廷對於新思想之限制仍甚嚴格，如宣統元年江蘇學司樊恭煦即訓令各校誦經，嚴摒一切自由邪說〔註 97〕，而巡撫陳啓泰更是對當時學生之「蔑棄綱紀，壞人心術，不禁爲之髮指。〔註 98〕」可見新舊衝突之激烈。

儘管學部對於中小學堂課程曾有諸多改良，然而讀經卻未能徹底刪除，故乃成爲新知識分子攻擊之目標。在此新舊思想衝突中，當時的《教育雜誌》

〔註 96〕陳啓天，〈近代中國教育的演變〉（下），刊於《東方雜誌》復刊第二卷第九期，民國 58 年 3 月 1 日，頁 39－50。

〔註 97〕王樹槐，《中國現代化的區域研究：江蘇省》，台北：中央研究院近代史研究所，民國 73 年 6 月，頁 262。

〔註 98〕《江蘇學務文牘》，江蘇：學務公所，宣統二年，頁 186。

實扮演著一個領導反對讀經之角色，亦因而成爲日後中國教育改革之指導者。《教育雜誌》是商務印書館創辦的；商務印書館自光緒二十三年正月創設於上海後，乃從事其「教育教材的供給，中外名著的印行，實際教育文化事業的舉辦，國貨的提倡」等工作目標，而《教育雜誌》即爲商務印書館「以言舉辦教育文化事業」的具體表現之一〔註 99〕。由於其在上海發行，深受新思潮的衝擊，乃針對學堂章程的改良，提出反對讀經之批評，其意見可歸納爲下列數點：

1. 小學堂讀經

小學堂讀經既不合乎古教育法，亦不符合現代教育原理：顧實〔註 100〕以爲廢除讀經乃時勢潮流所趨，不容敷衍置疑；而中國身處列強競爭的危局，教育之優劣實已關係國家之存亡，故教育之改革乃爲迫切之事。課程之教授尤須合乎教育原理，以利新式教育之推行〔註 101〕。陸費逵〔註 102〕則指出教育之時弊，認爲我國自光緒二十六年以後才從事興學；然而經過十年的努力，成效卻仍不太大，原因即在於奉行「奏定學堂章程」之缺失所致。章程顯見的弊端有科目太緊、時間太多、重視讀經、輕視國文、年限太長、程度不合等，然而學部的改良僅去除科目太繁、輕視國文二項缺失，其餘各項則未見改善，乃建議主持學務者應該酌量變通，以符合教育原理，促進教育之普及〔註 103〕。

2. 經書不適合作教材

何勁以經書之內容爲例，認爲經書之內容較深奧，須有相當的人生經驗

〔註 99〕黃良吉，《東方雜誌之刊行及其影響之研究》，台北：商務印書館，民國 58 年 1 月，頁 2。

〔註 100〕顧實字悌生，江蘇武進人，東京日本大學法律科專門部畢業。

〔註 101〕顧實，〈論小學堂讀經之謬〉，《教育雜誌》第一年第四期，宣統元年三月二十五日，頁 70。

〔註 102〕陸費逵複姓「陸費」，字「伯鴻」，原籍浙江桐鄉。世代書香。父芷滄公，清末時攜眷遊宦陝西。光緒十二年（1886）八月二十日生。七歲，隨父母移居南昌。十八歲，獨身到武昌，白手創文化事業。二十七歲，在上海創「中華書局」，任總經理凡三十年，居無寧日。五十六歲，病死於香港。以上見《陸費伯鴻先生年譜》，台北：台灣中華書局，民國 66 年 6 月，頁 3 - 5；又參見江生，〈桐鄉陸費伯鴻先生傳略〉，刊於《浙江月刊》十三卷八期，民國 70 年 8 月 6 日，頁 2 - 24。

〔註 103〕陸費逵，〈小學堂章程改正私議〉，《教育雜誌》第一年第八期，宣統元年七月二十五日，頁 97。

始能瞭解，故不適合青年學子研讀〔註104〕。陸費逵則提出變通的方法，認爲「經之有裨修身者，不妨採入修身之書；可作文章模範者，不妨收入國文讀本，不必專設此科也。〔註105〕」此種選擇性的傳授，不必專設讀經科之見解，爲日後之改良所採行。

3. 存古學堂之不可設

反對讀經者並針對存古學堂意圖「藉存古而達復古」之目的，加以抨擊；莊俞以爲「保存國粹不足以補救大局，安全身家」〔註106〕，何況此種特殊的學堂，亦有淆亂教育體系之缺失存在。莊氏並以「學部無必設之命令，各省無可設之財力，各省有不設之機會及各省無合格之學生」等理由〔註107〕，來支持自己反對設立存古學堂之主張。

儘管此等反對讀經的意見出現，然而清廷仍因「讀經爲中學之本」的考慮，並未將讀經刪除，而僅將其教材、時間減少而已。此種回應，自然令反對讀經者不滿，因而有日後的不斷紛爭。宣統三年六月二十日，中央教育會在北京開會，由張謇擔任會長。會中曾提出變更初等教育方法案，認爲經學義旨淵微，非學齡兒童所能領會，乃決定採取經訓爲修身之格言，小學內不另設讀經一科〔註108〕。此次變革係認定經書於現實教育中，僅有道德教育的功能值得保存，而此種以修身代替讀經的做法，實乃接受日本的影響。蓋張謇於光緒二十九年赴日考察時，曾發現日本之修身科乃「雜引我六經諸子語」做爲教材，以實行道德教育〔註109〕。故儘管曾經有人反對於讀經之外，別設修身一科〔註110〕，但清廷於制定「學堂章程」時，卻仍列爲課程之一。其欲仿日本之形式以修身取代讀經，至爲明顯。然而中央教育會卻對「奏定學堂章程」之旨意，深不以爲然，依然堅持小學不應讀經之主張。於是遂有小學堂讀經存廢之論爭。

〔註104〕何勁，〈説兩等小學堂讀經講經科之害〉，《教育雜誌》第一年第八期，頁 52 － 53。
〔註105〕陸費逵，〈小學堂章程改正私議〉，《教育雜誌》第一年第四期，宣統元年三月二十五日，頁 103。
〔註106〕莊俞，〈論各省可不設存古學堂〉，《教育雜誌》第三年第五期，頁 52。
〔註107〕同註 106。
〔註108〕瞿立鶴，《張謇的教育思想》，台北：台灣學生書局，民國 65 年 6 月，頁 55。
〔註109〕張怡祖編，《張季子九錄》，台北：文海出版社，民國 54 年 1 月，總頁 3500。
〔註110〕陳子褒，《教育遺議》，台北：文海出版社，頁 63。

（四）讀經論爭之思想解析

在論爭中，主張讀經派之理由，係以經書爲我國政治、道德、思想之所繫，若行廢絕則無以立國，而此功能是修身無法取代的；且自西方文化侵入後，社會道德不彰，馴至禍亂相尋，靡有已時，尤有提倡讀經之必要。此派大體包括兩類人物：一爲新舊知識兼俱者，如先前的張之洞等，即抱持上述之見解。二爲完全傳統者，他們對新知識與新思想常懷有輕蔑、憎惡與排斥的態度，如端謹、林傳甲、孫雄等。

在中央教育會提出廢止小學堂讀經之主張後，宣統三年閏六月二十七日御史端謹率先提出彈劾，認爲「議案奇表，有妨學務。〔註111〕」要求將議案撤銷，以正視聽。除端氏外，京師大學堂文科監督孫雄與國文教習林傳甲〔註112〕亦提出反對之意見。林傳甲認爲讀經不可廢止之理由有三：(1)是尊孔。(2)是今上典學。(3)是外人競研經學，翻譯經學，身爲中國人豈可不讀〔註113〕。其甚至以爲初小不設讀經講經一科是爲亡國之舉。孫雄則主張初小不但要讀經，且須加課夏小正爾雅〔註114〕，以爲強化。

綜觀上述主張小學讀經者之意見，雖尙能提出具體的理由與辦法，然仍無強有力之見解可資倡導與宣傳，故予反對派以可乘之機。

在諸多反對讀經者之中，陸費逵實是較爲特出之人物，他曾對林傳甲與孫雄之主張加以批駁。陸費逵認爲林傳甲有三個理由不能成立，因爲：一、小學不讀經乃遵循聖賢之古訓，亦正是尊孔之表現。二、帝王之學問事業與國民不同，自然今上所好，民不必皆追隨之。三、外人之作法，中國人不必尾從，因爲各有立場與處境〔註115〕。陸費逵並抨擊孫雄欲假帝王之威，以箝制反對者之口，只認爲讀經不適宜兒童閱讀，言教育不可侷限於經書之中〔註116〕。

陸費逵對教育問題不但深具睿識，且主張對經書另作安排。其認爲應該依照經書之內涵來分類，以利學子研讀。他建議的分類方法有四種：一、精

〔註111〕《宣統政紀》卷五十七，頁37。
〔註112〕林傳甲字奎雲，福建侯官人，壬寅年舉人，廣西揀發知縣，此時任京師大學堂國文教習。見房兆楹，《清末民初洋學學生題名錄初輯》，中央研究院近代史研究所史料叢刊，民國51年4月，頁65。
〔註113〕陸費逵，〈論中央教育會〉，《教育雜誌》第三年第八期，宣統三年八月初十日，頁70－74。
〔註114〕陸費逵，〈論中央教育會〉，頁70－71。
〔註115〕陸費逵，〈論中央教育會〉，頁74。
〔註116〕同註114。

義格言，入修身課本。二、治平要道，則由法科大學及專門法政學堂編入講義。三、文章古雅可風誦的，則選入國文讀本。四、古事制度，則納入歷史書。他覺得初小可採行第一種，高小以上則採行第三種方法〔註117〕。陸費氏此一見解後爲民國施政者所採行，對民國元年制定新教育方針，實具有主導的力量，然而中央教育會亦有促進之功。

綜觀上述反對小學讀經者之意見，可以看出此一階段討論之重點，乃是針對學生的接受能力，教育原理的適合與否及教材本身等問題，來加以檢討。其所具備之特色：即爲反對小學讀經者，多兼具經學與西方教育理念之素養。然而其主張之強烈者，甚至反對設立任何有利於讀經推行之機構，論存古學堂之不可設，即爲一例。唯清末時期雖有反對讀經之呼聲，仍未能達成目的。此因反對讀經者，主要爲教育界人士，對小學讀經之存廢，沒有根本的決策權，故對經學教育之改革，無法完全實現。

〔註117〕同註114。

第二章　民初讀經論爭之延續
（1912－1928）

　　讀經存廢之問題，於清末首度被提出，由於缺乏政治力量之支持，故無法獲得採行。隨著革命浪潮之洶湧，辛亥革命推翻了傳統的君主專制，亦迫使舊式教育作必要之改革，以迎合新時代的精神與需求。在此潮流下，乃有民國元年的教育部廢止讀經之發生。然而此結果隨著孔教運動的發展與袁世凱帝制的野心，而被改變了。洪憲帝制失敗後，黎元洪繼任大總統，乃再度廢除學校讀經之規定。此後中國因陷入軍閥之割據與混戰，使國家教育政策無法推行，軍閥亦藉保存傳統文化之名，倡導讀經，致令讀經之風得以延續不絕，直至國民革命軍完成北伐，始告終結。綜觀此階段之讀經問題，由於與復辟、尊孔糾纏一起，使問題愈加複雜，論爭焦點亦因而不同，其下擬分三節來探討。

第一節　民元廢經之探討

　　清末廢止讀經之主張，雖甚昌熾，然尚未付諸實施。真正具體採行的，乃民國元年南京臨時政府之教育部。足見民初廢止讀經之措施，乃清末新思潮之具體實踐。本節先從影響廢經之社會結構變遷與時代思潮著手，以彰顯此變革之背景，並對廢經過程加以剖析，以瞭解廢止讀經之全貌。廢止讀經為中國教育史上之大事，其產生自有其淵源，本文試從兩個角度來加以探討。

一、知識階層結構之重組

清末以來，隨著教育制度之革新，中國知識階層的結構，亦有所變化。光緒三十一年科舉制度之廢除，愈促使整個知識階層之組織重心，由傳統的士紳階層易爲新式的知識分子。儘管如此，民初傳統士紳知識分子之數量仍甚可觀，且扮演著相當重要的角色〔註1〕。

概觀民初的知識分子，約可分爲三種類型：第一類是純粹傳統型的。他們對新知識與新思想常抱持著一種輕視憎惡與反抗的心理，不與其發生任何關係，更談不上主動學習與採用，對於讀經則採取完全擁護與贊成的態度。這些人屬於傳統士紳階級，其代表人物有唐文治、姚永樸等。他們除了支持讀經主張外，並重視經義的傳授〔註2〕。第二類是改造型的。他們初始皆受過傳統式的四書五經教育，並參加科考，以後又進入新式學校就讀，接受新式教育之洗禮，故對新舊思想頗能融合。然而對於讀經的態度，他們卻又分爲贊成、反對及調和三派。贊成派可以張謇爲代表，其見解乃主張小學校宜加授四書，俾兒童時代即知崇仰孔道〔註3〕。反對派最知名爲陳獨秀、吳虞，他們不僅反對讀經，且進而主張非孔。調和派則以嚴復爲典型，嚴氏認爲教育係國家百年樹人之大計，故國家設學校之目的，不僅在傳授舊有的典籍，甚至以追求中國所缺少的西學爲主要目標。他們的主張，並非盡棄經學，而是選擇性的保留。他們認爲中學以前仍須研讀固有典籍以立基礎，及至高等教育階段時方可專攻西學〔註4〕。第三類是純粹新型的。此類型產生的時間較晚，他們大多在國內或國外受過新式教育，而且有新知識與新思想的人物，因而對於中國舊有經學缺乏好感，認爲應該打倒或摒棄，故主張於小學課程中剔除讀經。民初的廢經政策，即與這一批新知識分子有關〔註5〕。此派可以蔣維喬爲代表。

〔註1〕 蘇雲峰，〈民初之知識份子（1912－1928）〉，《第一屆歷史與中國社會變遷研討會論文集》下冊，中央研究院三民主義研究所叢刊之八，民國71年，頁378。
〔註2〕 《教育雜誌》第二十五卷第五號，〈讀經問題專號〉，上海：商務印書館，民國24年5月10日，頁4－6。
〔註3〕 瞿立鶴，《張謇的教育思想》，台北：台灣學生書局，民國65年6月初版，頁59。
〔註4〕 嚴復，〈與外交報主人論教育書〉，見周振甫編，《嚴復思想述評》，台北：台灣中華書局，民國53年9月台一版，頁244－245。
〔註5〕 楊懋春，〈清末民初中國新知識階級的形成〉，《中央研究院民族學研究所集刊》第三十八期，民國63年，頁63－64。

　　民初廢止讀經之得以實現，頗與當時具有新知識者在教育界占有極大比例有關。民初各小學之教員，有的畢業自新式師範學校；有的是貢生、舉人而接受為期一年的速成師範訓練者。而在中等學堂內教國文的老師，幾乎全是受過再教育的舉人、拔貢之流，如吳稚暉當時即以興辦新學為急務〔註6〕，而認為讀經造賊〔註7〕。至於在大學堂任國文或歷史教員，自然是有進士或翰林功名的人居多。在政府機關任職，或主持高等教育者，亦有很多是經過改造的傳統知識分子，如蔡元培便曾在清末出任過紹興中西學堂監督〔註8〕。此外，留學生人數之逐漸增加，亦對廢經發生促進作用。為發展中國新教育與新文化，留學生大多主張將讀經自中小學課程內刪除，以便學生能有較多時間學習新知識。在不同階層知識分子的努力下，中國自「中西並重」轉向「西學為主」的教育階段，而讀經亦在適應時代之需求下，遭到廢除。

二、影響廢經的時代思潮

　　經過清末的長期努力，終於在辛亥革命後建立中華民國，開創了中國歷史的新局面。由於民主時代的來臨，知識分子歡欣雀躍，對前途充滿無比之信心。因而在思想方面亦要求自由解放，不願再受到傳統的約束。此一新思潮的內涵大致有下列六種精神：一是自由精神。它帶來了言論自由及公開批評的風氣，使人人能暢所欲言，無所顧忌，開創一個新的自由時代。二是進步精神。由進化論演變而來的進步主義，激發國人強烈的雄心，欲開闢新天地新境界，乃對阻礙進步的傳統痛加批判，形成反固舊反傳統的風氣。三是平等精神。它促進個人意識的覺醒，使人自覺立言抒論的重要性，以提昇個人之價值。儒家之傳統獨尊地位受此影響，也淪與諸子同列。四是獨立精神。它確立了個人之價值。古人雖重視個人之獨立判斷，此期卻是更加強化，欲脫離一切固有學說信仰之籠罩，以自我負責的抉擇來建立信仰。五是革命精神。辛亥革命成功後，在學術文化方面產生許多求新的運動，認為舊有的東西皆須打倒。因而拋開了維新「託古改制」的傳統，捨棄孔子，不靠經書，而以革命精神取而代之。六是理性精神。民初為開朗活潑的時代，對

〔註6〕吳稚暉早年曾於無錫崇安寺，發起「三等學堂」，為其維新工作的開端。

〔註7〕張文伯，《吳稚暉先生傳記》下冊，台北：傳記文學出版社，民國60年5月1日初版，頁228－232。

〔註8〕〈蔡元培〉，收於《民國人物小傳》第一冊，台北：傳記文學出版社，民國64年6月，頁247。

過去不合時宜之事物皆不具信心。於是憑藉對於西方新知的瞭解，來批判傳統知識素材，乃有反孔排儒，廢止讀經之行動，此舉頗能反映思想解放之實況。

　　承受上述六項精神之影響，民初之學術界身處新舊傳統交錯之真空時期，各家得以自由宣揚己見，而無須屈從於人，因而配合教育改革的措施，遂有「廢經令」的頒布。此即為廢止讀經之重要背景。

　　廢止讀經乃國家教育之政策，因而對此問題之探討亦須就教育主管機關來考察。民國元年共和初建，孫中山先生成立臨時政府於南京，設置教育部掌理全國教育事務，任命蔡元培為首任總長〔註9〕。蔡元培在清季已是聞名的教育家〔註10〕，又是投身革命的知識分子，出任此職象徵著新時代的開啟。舉凡關心教育者，率皆期盼此新成立的教育機構，能夠革除清季興辦學堂的缺失，並規劃理想的教育方針〔註11〕。

　　蔡氏鑑於民國已建，清廷之教育政策必須改變。然因久居歐洲，對國內教育實況頗為隔閡，乃商請蔣維喬協助。民國元年一月，陸費逵在《教育雜誌》發表〈敬告民國教育總長〉一文，就民國教育急需興革之事，提出四項建議：一為宣布教育方針。二為頒佈普通學校暫行簡章。三為組織高等教育會議。四為規定行政權限〔註12〕。此見解蔡元培以為然，乃至上海與陸費逵及蔣維喬商議教育推行之步驟。當時政體改變不久，各省都督府或省議會鑑於學校之急當恢復，乃自行頒發臨時學校令，以便推行教育。唯各省各自為令，不免互有異同，有待統一。且春季開學在即，各省尚無新的法令以開展新式教育，而此乃為蔡氏急需解決之事。陸費逵鑑於此，遂建議先擬定一個暫行辦法，並將要旨先電告各省教育司，使地方能據此早日準備開學〔註13〕。蔡氏同意此見，乃命陸費逵與蔣維喬共同擬定普通教育暫行辦法十四條，一

〔註9〕民國元年1月3日，臨時大總統孫文在南京組織臨時政府，以蔡元培為教育總長，景曜月為次長。見《教育雜誌》三卷十期，〈記事〉，民國元年元月，頁69。

〔註10〕蔣維喬，〈民國教育總長蔡元培〉，收於《蔡元培自述》，台北：傳記文學出版社，民國56年9月，頁97－98。

〔註11〕王萍，〈民初的教育問題〉（民國元年－十五年），台北：中華民國歷史與文化學術討論會，民國73年5月，頁1。

〔註12〕鄭子展編，《陸費伯鴻先生年譜》，台北：台灣中華書局，民國66年6月，頁74。

〔註13〕同註12。

月十九日頒行各省，其中有「小學堂讀經科一律廢止」一條〔註 14〕，此即讀經首遭廢除之規條。陸費氏於此所扮演的角色值得注意。陸費氏時任《教育雜誌》主編，曾編纂過「簡明修身」等教科書，宣統三年中央教育會在北京召開時，亦曾前往旁聽〔註15〕；經過三年的研究，其結論如縮短在學年限（中小學改爲十二年），減少授課時間，小學男女共校，廢止讀經等，均藉蔡氏採納而得實行〔註 16〕。足見陸費氏實爲廢經之重要人物，而《教育雜誌》未來得以成爲討論讀經問題之重鎮，實溯源於此。

　　民國元年五月，教育部頒行普通教育辦法九條，其中正式列有「廢止師範中小學讀經科」一條〔註 17〕，則廢經之範圍更加擴大了。而清季仿西方各國大學設神學科之例，於京師大學堂文科外，增設經科，至此際亦成爲蔡氏革除之目標。蔡氏以爲「舊學自應保全，惟經學不應另立爲一科」〔註 18〕，因爲「十三經中，如《易》、《論語》、《孟子》等，已入哲學系；《詩》、《爾雅》，已入文學系；《尙書》、《三禮》、《大戴記》、《春秋三傳》，已入史學系；無再設經科的必要。〔註 19〕」此亦反映出蔡氏在觀念上，已突破傳統視經書爲一不可分割的看法，而將其分門列入具有現代意義的學科，以便得到適當之研究。

　　除了學校讀經之改革外，蔡氏對傳統實行改革的另一重要措施是「祀孔問題」。蔡氏於民國元年七月北京召開的臨時教育會議，曾提出「學校不應拜孔子案」，以爲祀孔有違信教自由，且妨礙教育普及之推行〔註20〕。此案由教育部參事蔣維喬在會議中代爲說明，經與會者顧實、劉寶慈、葉翰、邵華、吳鼎昌、黃炎培等熱烈論辯，最後湯爾和主張，以拜孔子爲數千年之習慣，一旦撤除，必生無謂之風潮！不如於各學校規程內，將此事不作規定，則學校祀孔之事自然消滅，且不著痕跡。此一折衷辦法經多數通過，蔡氏提案雖未成立，但已達到學校不祀孔之目的。然而此舉亦引起輿論之指責，如《上

〔註14〕《中華民國史事紀要》（民國元年）上冊，中華民國史料研究中心，民國 60 年 5 月，頁 107。

〔註15〕鄭子展編，《陸費伯鴻先生年譜》，頁 71－73。

〔註16〕鄭子展編，《陸費伯鴻先生年譜》，頁 48－49。

〔註17〕陶英惠，《蔡元培年譜》（上），台北：中央研究院近代史研，民國 65 年 6 月，頁 334。

〔註18〕陶英惠，《蔡元培年譜》（上），頁 311。

〔註19〕陶英惠，《蔡元培年譜》（上），頁 368。

〔註20〕陶英惠，《蔡元培年譜》（上），頁 369。

海時報》發表〈廢孔祀問題〉短評，即言「蔡元培提倡廢孔祀於京，鍾榮光實行廢孔祀於粵，兩人均為同盟會中健將，然頗惹社會之反對。今四川程昌祺又因拆毀孔廟，各法團欲嚴懲之。〔註 21〕」足見在新時代中之新精神，係以改革舊傳統為目標。蔡氏改革之理念，似可自其對教育宗旨的變革，窺見端倪。如前文所述，清季以「忠君、尊孔、尚公、尚武、尚實」為教育宗旨，蔡氏以「忠君與共和政體不合，尊孔與信仰自由相違」〔註 22〕，故皆刪去，並主張「以美育代替宗教」。在蔡氏此理念下，廢除學校讀經與祀孔，自是必然之舉。而蔡氏力主宗教自由之信念，亦可自其日後批駁「尊孔教為國教」之立場〔註 23〕，得到印證。

　　綜觀蔡元培之教育改革，實已顯現出三種轉變：一是人民對於教育態度的改變。在滿清時代，教育是政府政策之實施，人民無權過問。至民國步入民主時代，熱心的教育家皆能積極參與政策之討論與制定，而有實際的貢獻與影響。二是教育思想的改變。蔡氏去除忠君、尊孔之教育宗旨，而以世界觀、美育取而代之；此舉不僅打破傳統之思想觀念，更使中國教育步入世界領域，以配合新時代之需求。三是教育政策的改變。從專制時代拔擢少數精英為國服務的作法，變成以人民為中心，普徧地培育現代國民，以立共和政治之基礎〔註 24〕。在此階段之諸項變革中，廢止讀經最直接的影響，即是縮短中小學修業年限三年〔註 25〕，足見其幅度之大。然亦因變革過烈，招致保守派之反對，而於袁世凱當政時又予恢復。至於「初小男女同校」，「學校不祀孔」之作法，亦在未來發生爭論與糾紛。然因此時期的教育改革，雖有諸多成就，亦為民國之教育種下紛爭的根源。

第二節　孔教運動與讀經之恢復

　　孔子之教倡行中國已有兩千多年，儒家的經典已成為國人立身行事之規範。自民國元年教育部廢止讀經以來，遂使擁護孔教與讀經人士大起反感，

〔註21〕《上海時報》，民國元年 8 月 9 日。
〔註22〕陶英惠，《蔡元培年譜》（上），頁 234。
〔註23〕陶英惠，《蔡元培年譜》（上），頁 476。
〔註24〕陳青之，《中國教育史》，頁 648－649。
〔註25〕黃中，《我國近代教育的發展》，台北：台灣商務印書館，民國 69 年 5 月初版，頁 67。

乃形成一股有組織的反對勢力，因而在民初教育史上，掀起一陣讀經與廢經的軒然巨波。在此倡導恢復讀經之過程中，紛起的社團暨政治領導者成為兩大主力，茲於其下分論之。

一、孔教運動與讀經

　　清末在西學的沈重壓力下，乃有諸多以保衛聖教維護傳統文化的社團興起，例如：桂林的「聖學會」以尊孔教、救中國為宗旨；康有為的「保國會」以保國保種保教為目標；而湖南的「致用學會」以力行聖道、專精一學相標榜；其他如湖南的「羣萌學會」、長沙的「校經學會」、陝西的「味經學會」、北京的「關西學會」、上海的「蒙學公會」和「蘇學會」等，亦多具有強調固有文化意義與維護儒學的類似企圖〔註26〕。在此諸多社團中，以孔教運動的發展規模最大，產生的影響亦較深遠。

　　儒學發展至清末，已漸由教育意義的「孔子之教」，趨向於深具宗教意義的「孔教」，此種新發展實係康有為所促成。康有為在百日維新期間，除將「孔子改制考」繕錄進呈外，還呈上「請尊孔聖為國教立教部以孔子紀年而廢淫祀」摺〔註27〕，主張立孔教、設教部，而開啟提倡孔教之序幕。康氏的努力，雖因戊戌變法失敗而無功，然在海外仍然有人大倡設孔教會，定國教，祀天配孔諸說。並主張於設立孔教會時，推舉精通四書五經的人為講生，負責聖廟的祭祀灑掃，每隔七日則集合男女宣講聖經，藉以由此而使孔教與讀經結合起來。孔教運動之蔚為風潮乃始自民初。蓋自教育部廢除學校讀經後，孔教之基礎乃大為之動搖。而在民國元年九月二日所公布的「學校管理規程」十條中，又刪除祭拜孔子儀式之規定，更令孔教面臨生存危機。在這一連串地刺激之下，於是若干知名學者為藉有形組織，以維護無形「孔子之教」，乃羣起組織「孔教會」，企圖以「宗教挽回人心，保存東方固有文明」，來鞏固國本。適時正值國會討論臨時約法之際，於是張謇等乃上書參眾兩院，籲請於約法之中規定孔教為國教〔註28〕。此雖為沿用康有為清末之倡導而來，然因面臨傳統文化存廢之壓力，故其聲勢亦特為浩大。此一請求雖未被採納，

〔註26〕許弘義，〈國學保存會的組織與活動〉，《食貨月刊》五卷九期，民國64年12月，頁14。
〔註27〕該奏摺收入《南海先生戊戌奏稿》，台北：文海出版社，民國64年3月影印版，頁63－75。
〔註28〕瞿立鶴，《張謇的教育思想》，頁56。

但已啓此後「請立孔教爲國教」之先聲。

民初的孔教運動之所以昌盛，滿清遺老之熱烈參與亦是有力的助因。在遺老眼中，清廷遜位，民國肇建，即爲傳統儒教的式微淪亡，因此遺老紛紛參與尊孔活動。然遺老提倡尊孔多半兼有復辟意圖，他們利用尊孔、讀經、辦報、創辦文教機構等活動，大力宣傳三綱五倫，爲復辟製造理論根據〔註29〕。由於參雜濃厚的政治色彩，使孔教運動招致強烈反對而愈形複雜。

在孔教運動中，康有爲及其弟子由於深厚淵源，故態度更加積極。康有爲認爲「孔教行之中國已二千餘年，今政府震於信教自由，不定孔教爲國教，則必自棄孔教。」〔註30〕若能定爲國教，則「人心有歸，風俗有向，道德有定，教化有準，然後政治乃可次第而措施。」〔註31〕其對孔教功能之評價，無疑地是甚高的。康氏弟子陳煥章亦認定孔教作爲國教之效益，在於「固定國本，保守國性，發揚國粹，維持國俗，順合國情。〔註32〕」而表露了以中學（孔學）爲國本之想法。

陳煥章是最能繼承康有爲孔教志業的人，光緒三十三年他曾於美國紐約發起「昌教會」。民國元年返國後，又於上海成立孔教總會，極力從事尊孔倡教之活動。及至民初國會召開，孔教會代表陳煥章、嚴復等人上書國會，請於憲法上明定孔教爲國教，藉以維繫世道人心，以利政治法律之施行〔註33〕。

儘管孔教會之見解了無新意，然其在上書國會後，卻深得各方之支持，而各省之軍政長官，則紛紛上電請定孔教爲國教。不過此舉卻招致不少人的反對，其中尤以許世英反對之意見最爲精闢。許氏以爲民國係五族共和，若強以孔教爲國教，則將導致國家的分裂〔註34〕。因其意見爲憲法起草委員會所採納，故而否決了孔教會之請求。

儘管孔教運動遭遇諸多挫折，然而其後終於在袁世凱的支持下，獲得繼續的進展。袁氏欲擴張一己之權力，曾下令解散國民黨及國會，毀棄臨時約法，並另開制憲會議，以制定新約法。在此過程中，袁氏爲爭取孔教會的

〔註29〕 胡平生，《民國初期的復辟派》，台北：學生書局，民國74年7月，頁58。
〔註30〕 康有爲，〈以孔教爲國教配天議〉，《民國經世文編》，台北：文海出版社，頁5071。
〔註31〕 同註30。
〔註32〕 陳煥章，〈明定原有之國教爲國教並不礙於信教之自由新名詞〉，《民國經世文編》，頁5098。
〔註33〕 陳煥章、嚴復等五人，〈孔教會請願書〉，《民國經世文編》，頁5120。
〔註34〕 許世英，〈反對孔教爲國教呈〉，《民國經世文編》，頁5140。

支持，乃授意憲法會議議員提案，於憲法草案第十九條添註「國民教育，以孔子之道爲修身大本」一語，藉以表示其對孔教之支持。結果此議案雖得以多數通過，但卻因未能具有強制的約束力，以致使孔教運動僅可獲得名義上的成就，至其更大的突跛，則須待袁氏帝制時的祀孔讀經措施實行，始能達成。

在孔教運動中，最值得注意的是尊孔社團之紛紛成立，名目繁多，幾如雨後春筍，計有昌教會、孔教會、孔社、孔道會、尊孔文社、讀經會、尚賢堂、宗聖會、洗心社、大成社等不一而足。至於鼓吹尊孔讀經的刊物，則有《孔教會雜誌》、《不忍雜誌》等，聲勢亦甚浩大。在孔教風潮中，讀經以其關係之密切，故亦獲得長足進展。由以下幾個社團的活動，即可說明孔教與讀經之關係。光緒三十三年，陳煥章在紐約創立昌教會暨孔教義學華僑學校，以宣揚孔聖精義；即以孝經、四書作爲教材，並編著《儒行淺解》一書，以經註經，務使讀者通一經而得以通貫羣經之大義〔註 35〕。民國元年夏秋之交，梁鼎芬、陳煥章等，又在上海組織孔教會，以「倡明孔教，救濟社會」爲宗旨。會中設有講習和推廣兩部。講習部著重儒家知識的傳授，下設經學、理學、政學、文學四類。推行部則重視教義的實踐與推廣，下轄敷教（講道化民）、養正（拜孔孟與讀經）、執禮（考禮正俗）、濟眾（仁民愛物）四類，自此規劃觀之，可知其涵蓋之廣泛與組織之周密。然就其基本目標而論，則在喚起國民內在精神，以宣揚孔教。

尊孔文社乃民國二年由德國學者衛禮賢（Richard Wilhelm）所協同寓居青島的遺老勞乃宣創設的，由勞氏主持社務。其立社之主要目的乃在於「宏揚孔孟之道，講論經義」〔註 36〕。勞氏認爲尊孔文社自當尊孔子之道，學孔子之學，且導世人共習孔學之精髓〔註 37〕。他指出「孔子之教乃人道之教，今日孔教會之設，乃以孔子教人之法傳布天下，非宗教。〔註 38〕」他並以爲孔教之名，實足以使紛亂的中國社會再重現安定。

儘管孔教運動被新知識分子視爲復古守舊的象徵，然而在熱心人士的推

〔註 35〕　鄔慶書，〈陳重遠先生傳〉，見中山大學《文史學研究所月刊》第三卷第一期，民國 23 年 3 月 5 日，頁 159。
〔註 36〕　《桐鄉勞先生（乃宣）遺稿》（桐鄉盧氏校刻），〈韌叟自訂年譜〉，《近代中國史料叢刊》第三十六輯，台北：文海出版社，頁 56。
〔註 37〕　《桐鄉勞先生（乃宣）遺稿》，卷一〈論爲學標準〉，頁 133。
〔註 38〕　《桐鄉勞先生（乃宣）遺稿》，卷一〈論孔教〉，頁 167－168。

動之下，其勢力範圍卻擴及於中國東北沿邊之韓國人與南洋、美洲各地，而蔚爲一時之風尚。雖然他們倡導之目的不一，遺老志在復辟，東北韓人則志在排日復國〔註39〕；活動的方式亦相異，韓人採祀孔講學〔註40〕，南洋孔教會則刊行書籍，宣揚思想〔註41〕。然其對孔子之教的維護與宣揚，實皆有所貢獻。

二、袁世凱時期尊孔讀經之恢復

民初積極推展的新教育，僅是曇花一現。在二次革命失敗後，文化思想又出現一種復古的趨向，「尊孔讀經運動」再度活躍，而使孔教孔學之紛爭有新的發展。

辛亥革命成功後，知識分子大多認爲教育須除舊布新，以迎合時潮，故對新教育的實施，均予相當的支持。唯自民國元年至二年間，報紙時常出現學潮新聞，如某校學生毆辱校長，或攻擊教員，亦有對學校要求未遂而集結罷課等事件發生，學校風潮幾乎成了當時的流行病〔註42〕。此種風潮使傳統知識分子深感新教育之缺失，乃思藉倡導「尊孔讀經」，以挽救教育界之頹風。

袁世凱亦乘此時機，採行一連串的「尊孔讀經」之措施，因而贏得傳統知識分子的大力支持。袁氏此舉之目的，除具「復古」意義外，並思藉傳統人士的復辟心理，來進行帝制之陰謀。關於袁氏尊孔讀經之措施，可以略述如下：民國二年六月二十日，袁氏正式頒布「尊孔令」，以孔子爲「萬世師表」，其學說「放之四海而皆準」，有如日月之無傷，江河之不廢，並規定每年舉行祀孔典禮，以表尊崇，而垂久遠〔註43〕。此令可謂正式推翻民元學校不祀孔之規定。九月三日，經教育部批准，孔教會旋即在國子監舉行仲秋丁祭祀孔大會，袁氏特派梁士詒代表參加，以表重視。九月十七日，教育部又電告各省，將舊曆八月二十七日的孔子生日定爲「聖節」，各學校放假一日，在校行禮。九月二十七日，孔教會在曲阜召開第一次全國代表大會，與

〔註39〕 玄圭煥，《韓國流移民史》，漢城：大韓語教科書株式會社，1967 年 8 月，頁 568。
〔註40〕 同註 39。
〔註41〕 張效彬，〈華夏傳統思想習慣考略〉，新加坡：南洋孔教會，1962 年 9 月，序文。
〔註42〕 朱元善，〈學校風潮論〉，《教育雜誌》第五卷第四號，頁 5191－5196。
〔註43〕 《政府公報·命令》，民國 2 年 6 月 23 日。

會者多達二千餘人，而參眾兩院及內務部亦均派有代表參加。爲了表示鼓勵尊孔之熱誠，袁氏且特令交通部將車票減價，優待與會人員，並規定每年乘京奉、津浦兩線火車前往曲阜參加大成節的人，車票一律減價。同日，北京的孔社也召開孔子誕辰紀念會，袁氏特以該社副社長饒智元爲私人代表，在會上致詞：「今天下人心浮氣揚，亂臣賊子遍於國中，大總統本仁義之心以平亂，本仁義之心以教民，本仁義之心以推尊孔子，更欲孔社同人本仁義之心以宏斯教。」袁氏並捐贈該社經費三千元〔註 44〕，作爲支持宏揚孔教之表率。及十月十日袁氏就任正式大總統時，七十六代「衍聖公」孔令貽特從曲阜趕到北京祝賀，並帶來孔氏世譜、闕里聖廟磚碣拓文和清代冠服。袁氏於瞻覽之餘，益深欽仰。爲表尊孔之誠，十一月一日的憲法草案，並規定「國民教育，以孔子之道爲修身之大本」。是月二十六日，袁氏再次向全國發出「尊孔告令」，謂「孔孟之道，如日月經天，江河行地，樹萬世之師表，亙百代而常新。凡有血氣，咸蒙覆幬，聖學精美，莫與倫比。」「現值新邦肇造，允宜益致尊榮」。在此告令之中，且規定「衍聖公」和配祀賢哲後裔，膺受前代榮典、祀典，均仍其舊〔註45〕。同日，復授予孔氏一等嘉禾獎章。

　　民國三年，是袁氏大力推行帝制的一年，亦是清室遺老最爲活躍的一年。他們對於趙爾巽、錫良、李經羲、寶熙、勞乃宣等被任命爲參政院參政，徐世昌被任爲國務卿，及趙爾巽被任命爲清史館館長，無不大感興奮。而袁氏亦藉此更進一步煽起尊孔讀經之狂熱。關於祀孔問題，他曾特別指示「孔子賅百家之精，立人倫之極，有國有家有身者率其道則治而存，違其道則亂且亡，斷無廢祀之理。此次議禮儀節，似應與祭天一律，方昭隆重。〔註 46〕」一月二十九日，政治會議據此議決，以夏時春秋兩丁爲祀孔之日，仍從大祀，其禮節、服制、祭品與祭天一律；京師文廟由大總統主祭，各地方文廟由該地長官主祭。袁氏予以批准，通令全國執行。祭祀孔子始自漢初，以後歷代尊崇，明清時禮儀兼備，至光緒末年且升爲大祀。袁氏乃採取清末最高的禮儀，把祀孔與祀天放在同等地位，正如政事堂禮制館所說，其「崇德勸學報禮於先聖者至矣！」〔註 47〕接著，政治會議又提出將原有文廟一律規復

〔註44〕　〈孔社〉，民國 2 年創刊號，頁 1。
〔註45〕　《政府公報・命令》，民國 2 年 11 月 27 日。
〔註46〕　《政府公報・公文》，民國 3 年 2 月 14 日。
〔註47〕　〈政事堂禮制館呈擬訂上祀孔子典禮附具說明書請鑒核訓示文並批令〉，《孔教十年大事》卷七。

尊崇，每縣設奉祀官一員，管理廟務和祭祀，星期日開明倫堂，集合人民宣講人倫道德，並請袁氏飭令各地長官執行。袁氏立即批轉各地遵辦。二月八日，通令各省復學校祀孔事，欲以禮義廉恥，遏止人慾，以正人心。二十日，公布「崇聖典例」，規定「衍聖公」膺受前代榮典均仍其舊，公爵歲俸銀弊二千元，爵位由宗子世襲；聖賢後裔，舊有五經博士世職，均改為奉祀官，世襲主祀；「衍聖公」每年祭祀公費酌定銀幣一萬二千元，孔氏祀田由地方官清厘升科，概歸國家徵收等。三月十一日公布「褒揚條例」，凡「孝行卓絕著聞鄉里者」，「婦女節烈貞操可以風世者」，「特著義行可稱揚者」，「耆年碩德為鄉里矜式者」等均在褒揚之列，由大總統分別頒賜區額，題字並金質或銀質褒章；願建坊立碑者，得自為之，藉以宣揚綱常名教。次日，袁氏派梁士詒為代表到北京孔廟代行春丁祀孔社，禮畢，梁氏並演講「聖道」，稱孔子「導之以德，齊之以禮」。五月，教育總長湯化龍上書，主張在中小學校修身或國文課程中，採取經訓，一以孔子之言為旨歸。袁氏批為「卓識偉論，由部本斯旨詳審修訂」〔註 48〕，其後教育部通知各校照此辦理。然而倪嗣冲等卻仍以此通電詆湯化龍為侮亂孔子聖經之徒，足見此時尊孔風氣之盛。八月，禮制館擬定「祀孔典禮」，頒布施行，自公布「崇聖典例」後，孔令貽一再上書，懇請免提祀由，收回祭祀公費的成命，袁氏立即批准。九月二十五日，袁氏又發布「祭孔告令」，以孔子之道，亘古常新，與天無極，可以位天地育萬物，為萬世開太平，如布帛菽粟之不可離〔註 49〕。明令於九月二十八日，中央與各地方舉行祀孔典禮。九月二十八日，他身著祭服，親率文武官吏，到北京孔廟行三跪九叩禮，此即民國元首之第一次祀孔。不久，又命財政部撥款修繕北京孔廟，並自捐五千元相助。十一月初，參政院提出宜以忠孝節義四者為中華民族之特性，為立國之精神，並附上具體辦法六條，建議施行。袁氏即通令各省將此項建議案飭所屬曉喻人民，一面懸掛各校講堂，刊登各課本簡端，以資儆惕，務期家諭戶曉，俾人人激發其天良〔註50〕。

　　民國四年一月一日，袁氏申令注重國民教育。教育部擬定了一個提倡「忠孝節義」的施行辦法，袁氏則照准，且批示「初等小學應將《孟子》列入科

〔註48〕《政府公報・公文》，民國 3 年 6 月 27 日。
〔註49〕《政府公報・命令》，民國 3 年 9 月 26 日。
〔註50〕《政府公報・命令》，民國 3 年 11 月 4 日。

目，高等小學應將《論語》列入科目，俾資誦習，用端趨向。」〔註51〕袁氏
之指示，均列入七月三十一日頒布的國民學校令與高等小學校令中實行。二
十二日，教育總長湯化龍隨即公布「教育綱要」，規定各級學校均應崇奉古聖
先賢以為師法，宜尊孔以端其基，尚孟以致其用。二月，且頒「法孔孟」為
教育宗旨，願中國國民誦習孔孟之言，苟於其所謂居仁由義，而求得共和法
治國為人之真諦，將見朝野一心，共圖上理，由是揚國粹而躋富強〔註52〕。
其後又修改中小學法令，恢復讀經科目，規定「忠孝節義」為國民教育之方
針〔註53〕。

　　民國五年一月八日，教育部又頒定修正師範學校規程第九條，且將讀經
內容分門別類，以「讀經宜先就論語、孟子全文中之合於兒童心理及其學年
程度者簡明詮釋，次即節取《禮記》中之〈曲禮〉、〈少禮〉、〈內則〉，〈大學
儒行〉、〈檀弓〉等篇，《春秋左氏傳》中之大事紀撮要講解，並宜研究高等小
學校及國民學校讀經教授法，不得沿襲舊日強為注入之習。〔註54〕」是時大、
中、小學教育都以尊孔讀經為特色。新教育之發展，呈現濃厚的復古之風。
於此「尊孔讀經」狂熱中，袁氏遂在復古人士的支持下，於民國四年十二月
十二日承受帝位，而登上皇帝的寶座〔註55〕。

第三節　讀經廢續與軍閥之提倡

　　袁世凱因行帝制而將學校讀經予以恢復，乃引起反袁與倡導新教育者之
不滿。雖然在黎元洪繼任大總統之後，教育總長范源濂迅將學校讀經廢除，
然而倡導讀經者仍以不同的方式，繼續鼓動讀經之風潮。在諸多倡導者中，
軍閥爭相提倡的現象，最堪注意。本節即擬依照倡導者之活動，分別加以探
討。

〔註51〕《政府公報・命令》，民國4年1月7日。
〔註52〕〈大總統頒定之教育宗旨〉，見原春暉，《中國近代教育方略》，民國52年2月，頁24。
〔註53〕《大中華》第一卷第一期，〈闢近日復古之謬〉。本文論及當時復古之聲大盛。政府既倡之於上，社會復應之於下，孔教會遂遍於國中，而參政院亦有獎勵忠孝節義之建議，將使新造之邦，復見先代之治。
〔註54〕《中華民國史事紀要》，民國5年，頁50。
〔註55〕顧敦鍒，《中國議會史》，台中，1962年，頁103－129。

一、讀經再廢與存續

隨著洪憲帝制的結束，民國政治分裂日劇，讀經問題亦更形複雜。

（一）范源濂之廢經

民國五年八月，北京國會對憲法十九條規定：「孔子之道必須是國家教育中人格培養之基礎」問題，發生激烈之爭辯〔註 56〕。有些議員則繼續努力，想把孔教變成國教。康有爲也寫信給總統黎元洪及總理段祺瑞，表明其支持孔教之立場。他甚至還草擬一份憲法，以宣揚他的觀念，認爲除了野蠻人外，所有的人都有宗教信仰，孔子則是中國宗教信仰的創建者，人們如果不讀儒家之經典，行爲將無所依恃〔註 57〕。因此康氏特別主張從大學到小學的學生，都必須讀儒家經典；國家則須獎助學校開設這些課程〔註 58〕。九月九日，康氏與段祺瑞通電時，特別提出近日來有所謂的廢小學讀經之議，攻擊禮義廉恥之論，議員請廢祀天祭聖，有司禁拜孔子等，皆爲驚悚可駭之措置〔註 59〕。不過雖經康氏一再強調維護孔教和學校讀經的重要，然廢止讀經一事仍在積極地進行。九月十四日，袁世凱時的教育綱要經國務會議議決取銷，並廢止高等小學以上學生考試摘默辦法〔註 60〕。十八日，教育部復行廢止並修改民國四年頒行之各項教育法規〔註 61〕。十九日，教育總長范源濂更陳明黎大總統，擬將民國四年各項教育法令規程之不合時宜者，予以修正。與學校系統有牴觸者，如預備學校令，則加以廢止。是日，黎大總統令准悉照所議辦理〔註 62〕。教育學家莊俞亦在「刷新教育之機會」一文中，指出「預備學校令」與「中小學校之讀經科」皆爲當日敷衍個人而設，或駢枝，或荒謬，烏可不廢〔註 63〕！可見支持廢經的言論，恰與教育的政策相呼應。十月十二日，范氏乃正式廢止小學讀經。其作法爲先將袁氏民國四年七月三十一日公布之國

〔註 56〕 〈國憲起草委員會〉，頁 272；〈草憲便覽〉，北京，1925 年，第三部，頁 2 － 4；第四部，頁 48；吳經熊，《中國制憲史》，上海，1937 年，第三節，頁 53。
〔註 57〕 康有爲氏之文，〈擬中華民國憲法草案發凡〉，上海，1916 年，頁 1 － 5、134 － 140。
〔註 58〕 同註 57，頁 140。
〔註 59〕 《政府公報・公電》，民國 5 年 9 月 9 日。
〔註 60〕 《政府公報・公文》，民國 5 年 9 月 14 日。
〔註 61〕 《中華民國史事紀要》，民國 5 年，頁 542。
〔註 62〕 《政府公報・命令》，民國 5 年 9 月 19 日。
〔註 63〕 《教育雜誌》，第八卷八號〈言論〉，頁 113 － 114。

民學校令中，第十三條和第十五條的「讀經」二字刪去；並於高等小學校施行細則第二條第一項中刪去「讀經」二字，而於其後加入讀經要旨。此舉主要在使兒童能受聖賢正理之薰陶，兼以振發愛國之精神。爲達此目標，於講授論語大義時，務期平顯切於實用。於此同時，且將國民學校令施行細則第二十條刪去「讀經」二字〔註64〕。由上所述范氏廢經之過程，我們不難看出當時留學生常會受到其前往留學國家教育之影響。因爲范氏乃留日學生，故其回國掌教育以後的種種措施，尤其是讀經的去取，皆是仿日本以「修身」取代之作法。

（二）讀經之倡導與延續

自范氏廢經後，政府與民間仍不時有讀經之主張。以政府而言，民國七年十月十日徐世昌任總統後，乃一反范氏之所爲，提倡讀經。徐氏採參議員張鳳台之建議，提倡顏李之學。民國九年六月間，徐氏爲尊崇顏李，特頒祀文廟，並就前清太僕寺舊址，設立「四存學會」。此學會本於顏元所著「四存篇」，以闡明顏元、李塨二氏之學說爲宗旨。四存者，即顏元所講的「存人、存性、存禮、存治」。徐氏並指定趙衡爲會長，張鳳台爲副會長。因恐其未能普及，復命張鳳台出掌河南，組織分會於嵩山之陽。其後又於北京創設「四存中學」，專以規範青年思想爲目標，其宗旨雖爲培養農業人才，但對國學與經學的提倡，卻成爲最大特色〔註65〕。民國十二年更設「四存高級小學」附屬於學會〔註66〕。由上述可知徐氏提倡顏李之學，乃是針對著當時新教育不務實而倡導的。其次，民國十四年章士釗任教育總長時，力倡復古，而提出「讀國救國」之主張，並在北京創辦《甲寅週刊》以爲宣傳。十月三十日，教育部議決定讀經〔註67〕。是時，此舉頗遭非議；如黎錦熙便認爲「經固當尊，惟經之名不可存；經固可讀，惟『讀經』一科，在所必廢。〔註68〕」吳稚暉亦予嚴格批判，以爲經書不能作爲現今世界的訓育品。他並且提出經書

〔註64〕《政府公報‧部令》，民國 5 年 10 月 12 日。

〔註65〕沈雲龍，《徐世昌評傳》，傳記文學叢刊之五十二，台北：傳記文學出版社，民國 68 年 8 月 1 日初版，頁 727。

〔註66〕莊文亞編，《全國文化機關一覽》，台北：中國出版社，民國 62 年 4 月 25 日，頁 235－236。

〔註67〕黎錦熙，〈爲反對設「讀經科」及中學廢止國語事上教育總長呈文〉，呈收舒新城編，《近代中國教育史料》，1928 年，頁 84。

〔註68〕同註 67，頁 89。

雖然讀得爛熟的人，做出齷齪勾當的卻很多，章氏自己便是一個例子。所以吳氏奉勸他：「天下棄我，我不棄天下」，竹頭木屑，牛溲馬勃，藥籠中少儲些爲妙！故與其曰「讀經救國」，毋寧曰「讀經造賊」可矣〔註69〕？後以章氏去職，而讀經之議乃寢。

中央以外，當時在各地方則以東北的提倡讀經，最堪注意。民國十三年一月，奉天教育廳頒布「新教育通令」，此與省長王永江對當時新教育趨勢的反對，頗有關係。王氏以近年來新學迭興，耳食者流，一味盲從，幾乎棄其舊有而唯新是謀，且把祖國立國、立教之大本亦拋棄之。他認爲教以科學原爲謀劃人生所必需之知識技能，若並立國之大本而失之，則將來之患何堪設想？嚴令該廳，迅速以上所指各端概行停止，並將上年印行之論孟分編，認眞考查務使明白教授，以資養正。所有省縣視學，亦應秉承該廳申明之宗旨，一致進行。視察時如有獵新而忘舊者，立即撤換不貸〔註70〕。可見王氏施行讀經之決心。甘肅省則由於風氣蔽塞，文化落後，入民國後，各小學仍一律讀經。民國十六年，馮玉祥之國民軍在甘肅組設省政府，始通令禁止讀經。然而卻遭遇部分人士之懷疑批評，且有學校陽奉陰違，可知讀經觀念之根深蒂固了〔註71〕。

除政府提倡之外，民間亦有鼓吹讀經者。如張謇便認爲國體改革後，道德凌夷，綱紀廢墜，士大夫寡廉鮮恥，惟以利祿膺心，一切經書不復寓目，而詐僞詭譎之惡習因是充塞於社會。於是張氏乃主張小學校宜加授四書，俾兒童時代，即知崇仰孔道。他並於南通成立「尊孔會」，意欲人人知人道之所在，而爲有理性之人類〔註72〕。嚴復則主張爲了保存古文化，經學應在學校別立一科。不過所占時間卻不宜過多，寧可少讀，不宜刪節，亦不必悉求領悟，藉以「嚴古尊聖」〔註73〕。又以讀經必須自幼時開始，基礎方穩〔註74〕。梁啓超則凜於五四時期新文化運動的衝擊，乃決心放棄實際政治活動，轉而

〔註69〕 張文伯，《吳稚暉先生傳記》下冊，台北：傳記文學出版社，民國60年5月1日，頁228。

〔註70〕 《教育雜誌》，第十六卷三號〈教息〉，頁3；又第十六卷七號，頁10。

〔註71〕 《教育雜誌》，第二十卷七號〈教育界消息〉，民國17年7月，頁5。

〔註72〕 張謇，〈尊孔會第一次演說〉，收入張怡編，《張季子九錄》（三），〈教育錄〉卷四，台北：文海出版社，頁1673。

〔註73〕 〈嚴幾道與熊純如書札節抄〉第四，《學衡》第六期，民國11年6月。

〔註74〕 〈嚴幾道與熊純如書札節抄〉第六十三，《學衡》第二十期，民國12年8月。

致力於文化教育事業。民國十一年以後，他先後在南開大學、清華大學等處講學，發表了許多尊孔讀經的文章〔註75〕，肯定我國儒家之人生哲學，爲陶養人格至善鵠，須加以發揚光大〔註76〕。章太炎則斥五四時新知識分子掀起打倒孔家店之浪潮爲離經叛道，於民國十一年在報刊上公開撰文，對自己先前的批孔表示悔恨〔註77〕。民國二十四年四月，章氏並在蘇州發起「章氏星期講習會」，宣揚讀經〔註78〕，嘗謂「尊孔讀經有千利而無一弊」〔註79〕。其他民間較具組織的團體，則當首推民國十一年十月十三日成立的「國學研究會」〔註80〕，其主講者多爲宿學專家，對於整理國故具有莫大的助益。除此之外，還有國學專修館之創設，幾遍二十一行省。而當時最高學府之國立大學，也都有國學研究會之創設〔註81〕，足見倡導國學之盛。

　　因此我們可以覺察到這一階段的主張讀經者，他們承受五四新文化運動的衝擊，已開始組成專門的學術機構，來對經書做專門的研究，此作法對國學的瞭解與保存均有促進之功。

二、軍閥提倡讀經

　　在提倡讀經聲中，軍閥之倡導，當是最有影響力的。由於軍閥占有地盤，故能在地方學校實行讀經。民國初期的軍閥大多是主張讀經的。其原因除他們本身受到傳統觀念影響外，則是他們出身武人，對現代文化的認識不夠使然。當他們在內心感受到新文化的挑戰與威脅時，自然想以傳統文化與之對抗。在民初有一種普遍地想法：「世衰道微，社會道德敗壞」，他們認爲這種現象都是由於不讀經所造成的。因此他們藉著提倡讀經，希望能夠改造人心，淨化社會。在這裏比較重要的人物有段祺瑞、吳佩孚、張作霖、張宗昌、閻錫山、孫傳芳、倪嗣冲等，他們都曾提倡過讀經，且均有過一番努力。

　　本期軍閥的第一個特色，即以倡導尊孔讀經，延續傳統文化作爲施政目

〔註75〕李新、孫思白主編，《民國人物傳》第二卷，中華民國史資料叢稿，北京：中華書局，1980年，頁299－300。
〔註76〕丁文江，《梁任公年譜長編》下冊，台北：世界書局，民國61年8月再版，頁635。
〔註77〕李新、孫思白主編，《民國人物傳》第二卷，頁287。
〔註78〕王汎森，《章太炎的思想（1868－1919）及其對儒學傳統的衝擊》，台北：時報文化出版事業有限公司，民國74年5月10日初版，頁15。
〔註79〕李新、孫思白主編，《民國人物傳》第二卷，頁287。
〔註80〕蔣維喬等，《國學研究會演講錄‧小識》，台北，民國69年12月初版，頁1。
〔註81〕蔣維喬等，《國學研究會演講錄‧序》，頁4。

標。從民國元年袁世凱就任總統到民國十六年張作霖就任大元帥，這十幾年中，軍閥因沿襲了清末以來的傳統思想，所表現的第一個特點便是「尊孔讀經」。民國二年，袁世凱下令尊孔。民國十六年，張作霖下令定禮制，次年祀孔〔註82〕。而在這期間，其他地區的許多軍閥也公開地宣言要以孔教爲國教，並在他們統治下的各省，下令各級學校加讀儒家經典，藉以發揚儒家傳統；如安徽都督倪嗣冲即曾上電袁世凱，呈請注重經學以正人心，並通飭各省私塾讀經〔註83〕。此外，在各省的政府中，還雇用了許多受過傳統教育的官僚學者，幫助他們對地方大政提供意見。如張宗昌曾起用光緒年間的狀元王壽彭出任山東大學校長，兼教育廳長，並囑咐王氏應以「尊孔讀經」爲第一要事〔註84〕。王氏根據張督的指示，下令山東全省各級學校，以讀經書爲主要課目。當時雖有有識之士建議：「讀經書，固無不可；而科學，亦絕不能廢弛。」而王氏卻答稱：「那些洋鬼子的玩藝，不要管他。〔註85〕」由此可見王氏所持蔑視西洋文化之態度。雖然如此，因他力倡尊孔讀經，普及教育，講求信義，旌表節孝，卻對於民風土習，不乏積極而具建設性的影響，亦不可純以學究或落伍視之。王氏除了大力倡導「尊孔讀經」的教育政策外，他還曾重修曲阜聖地，大量刊印經書。由於連年戰亂，民眾流離失所，典籍毀沒甚多，亟待刊印保存，軍閥以其力量，乃倡始重刊古籍；如江西督軍蔡成勛，曾通電各省，呼籲廣印古籍，以存傳統文化〔註86〕。而山東亦曾計劃刊《資治通鑑》及《十三經》等多種善本古書，以傳續文化〔註87〕。《十三經》由於印製精美，頗爲民國初年的出版古籍深獲好評。此種作法，後日何鍵督湘時，亦曾採行〔註88〕。當爲軍閥倡導讀經之重要手段。閻錫山在山西主政，也深信儒家思想有改善社會的功能，並以儒家道德倫理來作爲訓練軍隊的精神圭臬。由於閻氏之好友趙戴文，服膺孔孟學說，尤喜治論孟學庸

〔註82〕《政府公報》，民國2年11月26日、民國16年9月22日；《時報》，民國17年3月9日。

〔註83〕《政府公報·公文》，民國3年5月29日。

〔註84〕戚宜君，《張宗昌的傳奇》，台北：精美出版社，民國74年6月1日，頁145－146。

〔註85〕戚宜君，《張宗昌的傳奇》，頁147－148。

〔註86〕《大公報》，天津版，民國12年5月6日。

〔註87〕元、明、清而入民國，均以易經、書經、詩經、禮經、春秋、周禮、儀禮、公羊傳、穀梁傳、孝經、論語、爾雅、孟子等爲《十三經》，成爲天下士子研究學問的根本。

〔註88〕《教育雜誌》第二十五卷二號，民國24年2月，頁7。

易，故對於山西的教育文化事業頗爲注重，先後主辦山西育才館、國民師範學校及洗心社等均很有表現〔註89〕。閻氏於晉軍之中宣揚孔孟學說，即深受趙氏的影響。所以晉軍在接受國民黨三民主義洗禮之前，大致多接受儒家思想的薰陶，如馮玉祥國民軍在接受三民主義前，以基督教治軍。閻氏此一教育軍隊的方式，既可鞏固軍心，且可便利指揮，更創下民國史上軍閥時期鮮有的治軍方式。後來宋哲元治軍華北時，即採用閻氏方法。除此之外，閻氏更藉由洗心社、自省堂，傳布儒家學說〔註90〕，希望人心轉趨善良，遵照古訓，重整道德。他認爲道德力量對於社會的完善與經濟的發展，有所助益；因儒家思想具有建立道德的力量〔註91〕。孫傳芳任東南五省聯軍總司令時，以學風浮囂日甚，敗黨禮俗，謬託文明，乃採行無錫公民楊鍾鈺等「禁止男女同學，特重讀經與國文」諸意見，而於民國十五年八月命江浙各省學校實行讀經，其理由與作法爲：「讀經一項，包括修齊治平諸大端，有陶冶善良風俗作用，似應由各校於公民科或國文科內擇要選授，藉資誦習。〔註92〕」雖不曾設讀經科，然已被新知識分子視爲反動了。

本時期軍閥所具備的另一特色，即是舊秩序的保存。吳佩孚認爲「民國成立首廢禮教」是大亂的根源〔註93〕。民國十三年，他和市村瓚次郎談話時又說禮教是「天之四柱，孝弟忠言；地之四維，禮義廉恥」〔註94〕。要恢復這八德、五倫、三綱，中國才能到升平之世。禮教要保存的是傳統的道德，社會的結構和中國的舊秩序。吳氏把舊秩序叫做「分」。他的一部著作即名爲「循分新書」，認爲凡是想改變舊秩序的學說都是造成混亂的學說，應該打倒。因此吳氏反對孫中山先生的三民主義，認爲孫先生的「祖述泰西」，過分注重權利而忽略了義務〔註95〕。他這種反西方文化的態度在段祺瑞的〈內感篇〉〔註96〕裏可以發現，在張宗昌重印《十三經》的序文裡亦可以找到〔註97〕。

吳氏反對共產主義，認爲共產主義是要改變舊秩序的，使中國大亂的學

〔註89〕方聞，〈趙公戴文傳稿〉，見《山西文獻》第二期，頁66。
〔註90〕《治晉政務全書初編》，第四冊〈自治〉，頁140。
〔註91〕Donald G. Gillin, *Warlord: Yen His-Shan in Shan in Shansi Province 1911-1949*, pp.41-42.
〔註92〕《教育雜誌》，第十八卷十號〈教育界消息〉，民國15年10月，頁3。
〔註93〕吳佩孚，《吳佩孚先生集》，1960年，頁118－153。
〔註94〕吳佩孚，《吳佩孚先生集》，頁279。
〔註95〕吳佩孚，《吳佩孚先生集》，頁390。
〔註96〕《政府公報》，民國14年9月18日。
〔註97〕《社會新聞》第十二集，第三卷一○二期，民國24年7月21日。

說，萬不可用〔註98〕。孫傳芳對此亦有同感〔註99〕。吳氏反對赤化的宣傳，認為「共產軍實行共產公妻」，那就是改變舊秩序，很可怕，要禁止〔註100〕。連外國傳來的音樂，吳佩孚也批評其為「桑間濮上，乃（淫亂）亡國之音。近於京津滬漢處多處之，吾國社會紊亂實由於此。〔註101〕」故認為應該禁止。

吳氏所謂保存舊秩序的基本作法，在於發揚孔子的忠恕之道。他以為忠是體，是各人盡各人的能力；恕是用，是推己及人。前者是義務，是受治於人的人的本分；後者是恩禮，是治人的人的本分。忠乃忠君、忠父母，因為孝是忠的根本。但是民國成立以後，君就廢除了，忠君只好變成忠於長官〔註102〕。這樣才能上下有序，此「序」即是舊秩序。沒有「序」，人就變成「衣冠而牛馬」〔註103〕。如果長官不正，亦不能勸他正，就只好模模糊糊地忠於正義，忠於職守，忠於心〔註104〕。吳氏用這樣忠的觀念來服事曹錕。曹氏賄選總統不正，吳氏又不能勸他歸於正，但卻仍然盡忠職守。及至第二次直奉戰爭，吳氏戰敗之後，日本駐天津總領事吉田茂勸他擁護段祺瑞〔註105〕。吳氏卻嚴予拒絕，理由是「大義名分」，即舊秩序不能打亂。吳氏認為打亂舊秩序很可怕，就像第二次直奉戰爭中馮玉祥的倒戈一樣。

可是軍閥時期「翻雲覆雨」，乃是軍人司空見慣之事。因此在翻覆的過程中，軍閥們也須經過一套「自圓其說」的藉口；在公開宣布改變方向的理由時，總用儒家的八德、五倫和三綱，使孔子之道添了各式各樣的解釋。

由以上軍閥的提倡尊孔讀經與保存舊秩序，可見其為此時期軍閥文化運動的兩個主導趨勢。儘管他們對於傳統文化的認知，仍屬較低的層次，然而在他們命令學校讀經與刊印古籍當中，亦使讀經之風得以不熄。

〔註98〕吳佩孚，《吳佩孚先生集》，頁418。
〔註99〕波多野乾一，《現代支那之記錄》，1928年1月，頁27。
〔註100〕《春秋》第七十八期，頁9；波多野乾一，《現代支那之記錄》，1926年4月，頁336；《時報》，1924年3月13日；黎錦熙，《中國教育史綱》（下），卷三，頁155。
〔註101〕吳佩孚，《吳佩孚先生集》，頁145。
〔註102〕吳佩孚，《吳佩孚先生集》，頁48－49。
〔註103〕吳佩孚，《吳佩孚先生集》，頁15。
〔註104〕吳佩孚，《吳佩孚先生集》，頁99－100。
〔註105〕民國13年11月2日記事；吳佩孚，《吳佩孚先生集》，頁407。

第三章 讀經論戰之高峰與發展
（1928－1937）

　　讀經問題經過了清末、民初之議論，在本質上已形成各行其是之現象。尤其在軍閥分立之時代，藉由軍閥與守舊知識份子之倡導，故能於各省陸續實施。可是在北伐完成以後，由於國家達到形式上的統一，在教育上也力求全國一致，因而又有較爲不同的做法。在本階段中，中國面臨了軍人跋扈，內憂外患交侵的局面。各種思潮、運動隨之紛起，因此讀經問題又隨之復現，且步入其高峰階段。以下試分三節探討之。

第一節　抗戰以前之教育改革

　　北伐完成後，中國進入了國民黨的一統時代。爲了鞏固政治的基礎，國民黨二屆五中全會通過許多如思想、政治、軍事、財政、教育等統一案，以期消除各種紛歧與混亂。其在教育上的要求，則是以孫中山先生的三民主義爲教育之指導原則，以建立新的教育體系。

　　經歷了五四運動的衝擊，中山先生乃根據其個人的創見，參考中國的國情以及世界的潮流，完成了三民主義理論體系的建構。此後在國民革命的過程中，皆以實現三民主義之理想爲目的，因而乃有黨化教育的產生。所謂「黨化教育」，即是以三民主義作爲制定教育宗旨和方針的最高準則，而在課程上則灌輸學生以「三民主義」的思想。

一、三民主義教育宗旨之建立與特質

　　清末致力革命運動的人，深受多次起義失敗的教訓，乃知掌握教育對革

命之助益。因為教育在某種情況下實含有宣傳作用，而學校教育的對象更多是國民裏的中堅份子，其對羣眾信仰的建立實有重大的的影響。中山先生積累四十年的革命經驗，深知革命理念的重要性，乃在民國十三年改組國民黨時，本蘇俄革命的經驗，決定採用「以黨治國」方針來組織國民政府，建立國家〔註1〕。政府既由黨組織領導，則一切措施自以黨治為原則，因此在教育中灌輸黨的思想亦成為當然之舉。而黨之指導思想即為中山先生之三民主義，因此黨化教育亦可說是三民主義的教育。此種發展隨著國家的逐漸統一，可分兩階段來說明。

（一）黨化教育時期

民國十五年二月，國民政府在廣州設立教育行政委員會，作為中央教育行政的指導機關。在這期間委員許崇清〔註2〕曾發表〈教育方針草案〉一文，認為「社會的經濟的實際活動，在政治教育上確有莫大功能」，反對以「治者的政治意識硬灌注到一般民眾去」；並主張學校實施軍事訓練，以養成民族解放中與帝國主義鬥爭的戰鬥群眾〔註3〕。許氏之文實為三民主義教育最有系統的理論建樹，其教育見解亦表現出軍政階段之特色。

民國十六年，國民政府建都南京，於是又展開思想的統一工作，黨化教育遂由理論變成事實〔註4〕。黨化教育內容據教育行政委員會委員韋愨〔註5〕所擬「國民政府教育方針草案」，定為「把教育變為革命化、民眾化、科學化、社會化」〔註6〕。此案教育行政委員會通過之後，黨化教育的呼聲乃高唱入雲，王克仁、陳德徵、沈鼏文諸人及上海黨化教育委員會對此均有詳細論述〔註7〕。其具體實行辦法則首見於浙江，由蔣夢麟主持的浙江大學區即是〔註8〕。儘管如此，由於當時黨內並無一致之見解，因此黨化教育的實施仍不

〔註1〕 孫中山先生主張「以黨治國」的理由，刊入《國父全書講演類》一書。
〔註2〕 許崇清字志澄，廣東番禺人，早歲留學日本，先後畢業於東京高等師範學校及東京帝國大學文學部。返國後，曾任廣州市教育局長。見《中共人名錄》，民國56年8月，頁441。
〔註3〕 見舒新城編，《近代中國教育史料補編》，台北：天一出版社，民國16年。
〔註4〕 任時先，《中國教育思想史》，台北：商務印書館，民國63年11月台五版，頁363－364。
〔註5〕 韋愨字捧丹，廣東中山人，曾留學歐美，獲芝加歌大學哲學博士學位。返國後，任教於廣州、嶺南等大學。見《中共人名錄》，頁282。
〔註6〕 韋愨，〈國民政府教育方針草案〉，見《教育雜誌》十九卷八號，頁1－3。
〔註7〕 任時先，《中國教育思想史》，頁364。
〔註8〕 蔣夢麟任第三中山大學校長，負責主持浙江大學區。民國16年7月26日，

免紛歧百出，流弊叢生〔註9〕。對此局面，戴季陶主張加以修正；戴氏在民國
十六年間首先提出「維持教育，救濟青年」案，指出黨化教育一詞，不知從
何而起；黨化二字，內容既不確定，出處亦不明瞭，總理著作與大會議決均
無根據。戴氏認爲中國國民黨的主義是以黨建國，以三民主義化民，教育方
針當然是三民主義的國民教育。因此他主張「定名定義，宜直稱三民主義教
育」〔註10〕。戴氏的主張對日後的改革自有相當的影響。

　　此時在教育行政上亦有所改革。民國十六年，中央政治會議通過蔡元培
等提議，組織中華民國大學院，爲全國最高教育及學術行政機關，以代替原設
的教育行政委員會，因此確立中華民國的教育宗旨，遂成當務之急〔註11〕。

（二）三民主義教育時期

　　隨著北伐戰事的勝利，統一全國教育乃變成可行之事，加以黨化教育的
紛歧〔註12〕，亦須有所商議，乃決定召開全國教育會議來解決此問題。民國
十七年五月十五日，大學院在南京舉行第一次全國教育會議，對過去的教育
作全盤性檢討，會前中山大學校長戴季陶先在廣州邀集兩廣教育廳及嶺南
大學負責人員，共同商定了「確立教育方針，實行三民主義的教育建設，以
立救國大計案」，於開會時提出於大會〔註13〕。大會特設三民主義教育組來審
查此類議案，足見確立三民主義爲教育宗旨乃此會議的重要目標之一。經過
廣泛的討論，通過中華民國教育宗旨說明書，以三民主義的實現爲教育宗
旨，取代容易引起誤會的黨化教育，並通過實施原則十五條，以爲指導綱領
〔註14〕。大會對中山大學及兩廣教育廳所提各案，原已酌加修正。然戴季陶
電稱「此案兩粵已決定實行，務請全案通過」，因而決定兩廣不必嚴格受大會

　　　蔣氏召集全省中學校長大會，討論施行新教育問題，並通過「實行黨化教育
　　　大綱」，以爲指導原則。見莊義芳，《蔣夢麟與抗戰前之中國教育》，政大史研
　　　所碩士論文，民國69年6月，頁100－101。
〔註 9〕陳啓天，《近代中國教育史》，台北：中華書局，民國58年10月初版，頁109
　　　－112。
〔註10〕李雲漢，〈戴季陶〉，收入《中國歷代思想家》第十冊，台北：商務印書館，
　　　民國67年5月，頁6615。
〔註11〕呂士朋，〈抗戰前十年我國的教育建設〉，中華民國歷史與文化學術討論會，
　　　民國73年5月，頁2。
〔註12〕對黨化教育的批評，有的說太廣泛，有的說無來源。見大學委員會及政治教
　　　育委員會的提案。
〔註13〕同註11。
〔註14〕呂士朋，〈抗戰前十年我國的教育建設〉，頁3。

決議之拘束〔註 15〕。於此可見兩廣改革主張之積極，並已顯露其教育之自主性與區域特色。自此會議後，中華民國之教育乃漸集中於三民主義的中心思想與民族復興之目標〔註 16〕，奠定思想統一之基礎。

全國教育會議之提案，既成為國民政府訂定教育宗旨之根據，乃於民國十七年九月正式通過全國教育宗旨〔註 17〕。然而在訓政時期，國家一切重要政策必須經過中國國民黨之決議。緣此，民國十八年三月十五日，中國國民黨第三次全國代表大會於南京召開，特通過「確定教育宗旨及其實施方針案」，四月並經教育部通令全國各級教育機關切實遵守，中華民國以三民主義為中心思想的教育宗旨從此進入付諸實施階段〔註 18〕。此宗旨之內容為「中華民國之教育，根據三民主義，以充實人民生活，扶植社會生存，發展國民生計，延續民族生命為目的，務期民族獨立，民權普遍，民生發展，以促世界於大同。」

（三）三民主義教育宗旨之特質

我國現行教育宗旨，乃本三民主義之精神，藉教育力量以陶鑄良善公民，企求整個民族在政治、經濟、社會上均能獲得自由平等，以促進大同。析而論之，則當具有下列之特質：(1)教育宗旨係以民生史觀為依據，視教育為國家民族及社會生存進步之動力，故其理想較為崇高，內容亦切實際。(2)在此宗旨下，個體與群體之發展趨於調和，心物達於貫通。國家固須輔助個人之發展，而個人發展之途徑則必須體會對於國家民族所負之任務。又因心物貫通，故對教育上之實際問題，亦能精神一貫，方針一致。(3)就三民主義教育範疇而言，民族主義教育即倫理教育，以培育國民之愛國情操；民權主義教育即民主教育，以增進國民之實用知識。(4)三民主義之教育，以民生主義教育為重心，從實際工作中訓練學生，使其手腦並用，智慧兼修，將來置身社會能發揮自己之才能，成就遠大之事業。從民主生活中教導學生，培養其品格，發展其才能，以家庭子弟和國家公民，從事生產事業，致力於社會之進步和民族之復興。(5)三民主義教育之終極目的，在於促進世界大同。故其孕育之愛國、崇法、務實的建全國民，必以自我發展之經驗，貢獻於人類，使

〔註 15〕中華民國大學院編，〈全國教育會議報告〉，民國 17 年 5 月，收在沈雲龍主編，《近代中國史料叢刊續編》第四十三輯，台北：文海出版社，頁 8－9。

〔註 16〕李雲漢，〈戴季陶〉，頁 6616。

〔註 17〕任時先，《中國教育思想史》，頁 365。

〔註 18〕任時先，《中國教育思想史》，頁 366。

世界以平等待我之民族，皆能臻於安和樂利，均富之境地。

　　總之，自我國教育宗旨確立以三民主義爲中心後，無論教育的目標或步驟，皆有明確之規劃，乃能發揮教育建國之功能。此後，讀經論戰即在肯定三民主義教育宗旨下展開。

二、祀孔之廢除與恢復

　　春秋祭孔爲中國傳統古禮之一，此舉除含有確立儒學之地位外，亦是尊崇文教之象徵，而祀孔之廢除與恢復對讀經思潮之復現，亦有推波助瀾之功。

　　民國十六年七月，國民政府改中央教育行政委員會爲中華民國大學院，以管理全國學術及教育行政事宜，特任蔡元培爲院長。民國十七年二月二十一日，大學院通令停止春秋祀孔，並謂：「孔子生於周代，布衣講學，其人格學問，自爲後世所推崇。惟因尊王忠君一點，歷代帝王，資爲師表，祀以太牢，用以牢籠士子，實與現代思想、自由原則及本黨主義大相悖謬，若不即行廢止，何以昭示國家？〔註19〕」其將孔子之教育家性格與帝王師之機能分離，並以其違反本黨主義而廢除祭祀，實表現出革命黨之除舊精神。其實蔡氏早在民元教育總長任內，即曾主張學校不拜孔子，在十多年後，隨著國民革命之勝利，蔡氏出掌大學院，乃再訓令廢止，多年夙願，始爲得償，不過各方反應仍屬不佳，如曾任國會參議員之孫光庭〔註20〕，即曾著有「廢孔祀抗議」長文，針對院令備加詰責，以爲帝王運用孔子牢籠士子與孔子無關，且廢除孔祀亦違背思想自由原則〔註21〕。

　　當大學院令廢孔祀之後，內政部繼又發出訓令，要求「各地方之孔廟，仍須妥爲保護，以安人心，而資景仰」〔註22〕，對此一較爲緩和之主張，孫光庭以爲尚有平心商榷之餘地。而於大學院之訓令，則要求政府明令撤銷〔註23〕。此外，王朝俊〔註24〕亦撰〈爲大學院廢止祀孔問題致蔡孑民先生書〉

〔註19〕原令見《大學院公報》第一年四期，轉引自張相文，《南園叢稿》，卷十一〈沌谷筆談〉，台北：文海出版社，民國57年12月。
〔註20〕孫光庭，字少元，雲南曲靖人。
〔註21〕張相文，〈沌谷筆談〉，頁1065。
〔註22〕張相文，〈沌谷筆談〉，頁1059。
〔註23〕張相文，〈沌谷筆談〉，頁1058－1059。
〔註24〕王朝俊，字鴻一，山東鄆城人。清末留日，入同盟會，民初曾任山東省議會議長，後與梁漱溟提倡村治主義。

一文，力言中山先生革命思想之基礎，係繼承堯舜禹湯文武周公孔子之正統思想，發揚光大之，故與孔子思想不相違悖〔註25〕。儘管有諸多抗辯意見，政府仍無意改變其決定。

北伐完成後，國民政府歷經內憂外患之衝擊，乃力求國民思想之建設，以復興傳統文化為目標。民國二十三年八月通令全國恢復紀念孔子誕辰〔註26〕，規定全國各黨政軍警機關、學校、團體，分別舉行紀念儀式，並由各地之高級行政機關，召集各界開紀念大會，講述孔子生平事實、學說、思想。又規定是日休假一天，全國各界一律懸旗誌慶。禮堂應設靈位，置於中山先生遺像之前，崇敬之隆，以視歷朝盛典，殆有過之無不及〔註27〕。同年八月二十七日，除全國奉命舉行孔子誕辰紀念典禮外，國民政府且特派葉楚傖率領各院、內政、教育兩部代表及山東省主席、民政、教育兩廳長，前往曲阜舉行隆重祀孔典禮〔註28〕。接著又重修孔廟，改世襲衍聖公後裔為大成至聖先師奉祀官，以特任官待遇。其在浙江之孔子嫡系南宗裔孫，亦同為奉祀官，以簡任官待遇。民國二十四年七月，四聖奉祀官至南京宣誓就職，此為國府成立以來，四聖裔首次入京，中央派戴傳賢監誓。後戴氏在國府紀念週報告，認為當茲內憂外患交侵，應繼先師之學業來教化全國，感化世界。而居正在中央黨部紀念週報告，亦謂欲治國家，非發揮孔子所謂背孝仁愛信義和平之固有道德不可，故吾人今日尊崇孔孟，亦所以尊崇吾國固有道德〔註29〕。國民黨中常會通過以《禮運・大同篇》〈天下為公〉一章為孔子紀念歌，是仍循歷代尊孔的傳統。以上又採尊孔政策，距大學院的廢除祀孔令，相距僅有六載，前後政令之相異，對於全國人民之心理影響甚大。

三、內憂外患下的文化建設

中國自北伐完成統一後，在政治上也步入一個新的局面，儘管曾有諸多

〔註25〕褚承志編，《王鴻一（朝俊）先生遺集》，台北：山東文獻，民國67年1月，頁17－18。

〔註26〕〈朱秉國先生的意見〉，見《教育雜誌》第二十五卷五號，民國24年5月，頁71。

〔註27〕〈由廢孔又到尊孔〉，見《北平晨報》，民國23年8月25日，轉引自《國聞週報》十一卷三十五期，民國25年8月，〈論評選輯〉，頁5。

〔註28〕沈雲龍，《民國史事與人物論叢》，台北：傳記文學出版社，民國70年9月，頁129。

〔註29〕《國聞週報》十二卷二十七期，民國24年7月15日，〈一週間國內外大事述要〉，頁6－7。

內戰，教育仍能積極推進，然此種欣欣向榮之氣象卻爲中共的叛亂及日本的侵略所破壞。蓋以北伐使國民政府控制的區域擴大，因而三民主義教育之推行，更具成效，如張學良對所轄東三省之教育便極爲注意；除慨捐款建築東北大學新校舍外，復創辦新民小學三十二所，同澤男女中學三所。又於民國十七年由其私產項下，捐助現洋五百萬圓，作爲遼寧省中小學校教育之永久基金〔註 30〕。諸如此類皆是中國教育之新成就，然而好景不常，這一切多在內外交侵之戰火中摧毀了。

（一）剿共戰爭之波折

中共自清黨後，乃盤踞各地，殺戮人民並破壞社會秩序與傳統文化；加江西一地即曾令五十萬人流離失所，而共產主義之神秘性質與個人主義交織集權主義之色彩，對傳統中國社會，深具破壞力量！國民政府爲除此威脅，乃決意派遣軍隊，剿絕紅軍，收復赤化區域〔註 31〕。民國十九、二十年之兩次圍剿，皆因戰略失誤而受挫。然而一連串的天災人禍，更令民國二十年成爲最不幸的一年。如二月之湯山事件，造成寧粵之對立與分裂，夏秋之交的長江大水，更耗盡政府的財力，以致無法以全副精神，從事於解決共產黨問題〔註 32〕。然而國勢更加危險的當是日本的趁虛侵逼了，日本發動的九一八事變及一二八事變，更令國軍兩次剿共半途而廢。

當九一八事變突發時，正值中央第三次圍剿江西共匪之際，本已殲滅在望，適西南異動，東北告警，兵力因而他調，遂致功敗垂成。共黨藉此始得以稍事喘息，且進而認爲國難嚴重，對其有利，遂一面運用煽動全國民眾反日情緒，攻擊政府軍事上的不抵抗和外交上的軟弱無能，以箝迫軍政當局；一面利用剿共軍事停頓，乘機擴充紅軍占領區域遍及七省，面積達二十萬方里，並採取蘇俄政制，組織蘇維埃政府，以與南京國民政府對抗。同時中共尚根據共產國際的指示，於民國二十年十一月二十七日成立「中華蘇維埃共和國」，破壞國家的統一，打擊民心士氣。其後中共雖經第五次圍剿而西竄至陝北一隅，可是業已造成國家莫大的損傷〔註 33〕。

〔註 30〕顧維鈞，《參與國際聯合會調查委員會中國代表處說帖》，台北：文星書店，民國 51 年 6 月，頁 25。

〔註 31〕顧維鈞，《參與國際聯合會調查委員會中國代表處說帖》，頁 335－336。

〔註 32〕顧維鈞，《參與國際聯合會調查委員會中國代表處說帖》，頁 334－336。

〔註 33〕沈雲龍，《民國史事與人物論叢》，頁 351。

（二）日本侵逼之危局

自我國北伐統一後，日本深懼中國之壯大，乃步步進逼，以求扼殺中國復興之幼苗。民國二十年九月，日本鑑於中國內部既有匪禍蔓延，長江流域又有嚴重水災，復有廣州自組政府與南京之抗衡，加以國際上之經濟恐慌，於是乃乘機發動九一八事變，侵占東北。

在政治上，日軍占領瀋陽後，即迫誘袁金鎧出任地方維持會會長，宣布與國民政府脫離關係。繼而兵力迅速達於吉、黑，並先後成立三省之臨時省政府，復另組所謂「奉天自治指導部」，以「改善各縣縣政，確立完全自治制度」。其間，且由土肥原入關，親自指揮便衣隊在天津暴動，乘隙挾溥儀以去，圖謀大舉。至二十一年二月十八日，乃聲稱由東北四省（包括熱河）一特別區（哈爾濱）及蒙古各王公組織一機關，名曰「東北行政委員會」，令張景惠等通電，宣布東北省區完全獨立〔註 34〕。經過非常迂迴之安排，乃於二十一年三月九日在長春成立滿洲國，由溥儀出任執政，以鄭孝胥為國務總理，而在形式上將東北自中國割離。

在教育上日本亦嚴加監督，以期消滅中國人之民族意識。日本人以為必須教學生以彼等為日本帝國一分子，始能與中國割斷血緣。故令所有中國教育機關，或者停閉，或由日本監視改組。對於中小學校，尤為重視。其改組計劃之首端，即為實行教授日文。據民國二十一年七月六日大阪新聞載稱：「所有小學校及遼寧省師範專門學校，均已學習日文。又於黑龍江省縣長會議，議決各小學校內強迫學習日文，其教授日文之預算，亦經決定。〔註 35〕」各學校所用之漢文教科書，均經改換，甚至歷史上事實，亦必曲為之說，以合日本之意。總之，凡受教育者必須傾向日本，掃除一切愛中國或忠於中國之史事。蓋無論如何勞費，必欲使三千萬中國人民與其子孫，產生愛日本之心〔註 36〕。此外，為了斷絕東北與中國之教育關係，乃禁止三民主義教育（黨化教育），而於學校課程之內以四書孝經代之〔註37〕。然而滿洲國教授經書之目的，乃在倡導親仁善鄰（日本）；發揚所謂儒教的王道精神，以泯除中國人之民族意識。為達此目的，民國二十二年，滿洲國文教部特為刊行《普及建

〔註34〕〈日人卵翼下之滿洲僞國〉，《國聞週報》第九卷八期。
〔註35〕顧維鈞，《參與國際聯合會調查委員會中國代表處說帖》，頁 380。
〔註36〕同註 35。
〔註37〕鈴木健一，〈滿洲國の國民教育と教員養成問題〉，收入《酒井忠夫先生古稀祝賀記念論集》，東京：圖書刊行會，昭和 57 年 9 月，頁 648。

國精神之教育資料第二集》，頒賜國內各中小學校及各教育機關團體，內容主
為陳述內聖外王之道，並附鄭孝胥著《孔教新論》，以招攬人心〔註38〕。此種
做法對日後讀經問題產生重要之影響。

（三）中國自救之努力

自九一八事變後，在半年之中，中國領土出現了兩個不同模式的割據政
權：一是以推翻國民黨政府為目的，由蘇俄暗中支持的「中華蘇維埃共和
國」。二是以征服中國為目的，由日本公開建立的「滿洲國」，此種作為再一
次破壞了中國的統一。而日本的步步進逼，更是中國的主要威脅，因此國民
政府除以「安內先於攘外」政策加以對應外，並倡導民族主義之文化運動，
以抗衡中共、日本之思想侵襲。

國府最初發動的是儒教復興運動和新生活運動，其後更有令人矚目的中
國本位文化建設運動，茲於以下分述之：

1. 儒教復興運動

民國二十三年廣東國民黨黨部發表祭孔復活宣言，南京中央黨部同年七
月也決議恢復祭孔，並指向同年八月二十七日為孔子降生二千八百八十五年
的紀念日，舉行隆重的國祭典禮。這對民國以來爭論不休的孔教問題，於此
時藉國民政府重新宣布尊孔而得以解決。此舉使孔子重新成為國人公開崇拜
的偶像，並彰顯了國民政府所從事的復興傳統文化工作之形象。由於此一號
召的鼓勵，民間亦發起儒教救國運動、讀經運動及保存傳統文化運動等，以
響應政府的文化政策〔註39〕。

2. 新生活運動

新生活運動是「塘沽協定」後因應新的局勢而產生的，主要以民國二十
三年二月十九日，蔣委員長在江西南昌擴大紀念週上，演講「新生活運動的
要義」而發端，主張恢復禮義廉恥四大道德，以促進國民的新生活，復興中
華民族〔註40〕。它的三層目標為：一是復興民族之落實運動。二是改造社會。
三是以社會活動掩護培養抗日精神〔註41〕。

〔註38〕鈴木健一，〈滿洲國の國民教育と教員養成問題〉，頁649－650。
〔註39〕杜容之，〈中國新文化運動的發展〉（下），《台灣文化》第二卷第四期，民國
　　　　36年7月，頁19。
〔註40〕同註39。
〔註41〕鄧元忠，〈新生活運動之政治意義闡釋〉，收入《抗戰前十年國家建設史研討

3. 中國本位文化運動

在政府領導的新生活運動發展時，民間文化界亦開始了各種文化運動。如魯迅等左派文人，提倡國防文學；易君左等右派文人，提倡民族主義文學；疑古派、唯物史觀派的歷史學家亦致力於宣揚民族英雄，描繪抗敵禦侮事蹟。同時大學中的哲學教授，亦參加民族運動，獻身於民族精神的發揚〔註42〕。諸如此類活動中，國民黨之青白社、力行社為對抗中共在上海組織「中國左翼文化總同盟」，乃於民國二十三年三月於上海成立「中國文化建設協會」，來號召以中國文化為基礎，進行文化復興運動〔註43〕，亦因而將新生活運動帶入知識文化界〔註44〕。「中國文化建設協會」以陳立夫為理事長，為全國性組織，在全國各省市皆設有分會，以擴大文化運動之影響，建立各種文化事業〔註45〕，並發行《文化建設》月刊，由教授名流撰稿。民國二十四年一月，《文化建設》月刊第四號刊登王新命等十位教授所撰「中國本位文化建設宣言」，開啓了中國本位文化建設運動的浪潮〔註46〕。在這篇宣言中，首先指摘中國失去文化的特徵，繼之批判過去的洋務、維新、革命、五四等文化運動，最後並舉出五個綱要，來述說建設中國本位文化的方法。這個宣言的要旨，在指責近代中國文化界，素來忽視中國固有文化的特質，進而表現其欲脫離鴉片戰爭以來的歐化主義，而回歸本位文化的意向〔註47〕。

這些文化運動皆是針對內憂外患的現實環境，而提出的解救之道。在其他方面亦表現此種特徵，如在教育上曾有「教育能否救國」的論爭，最後歸結教育救國的方針為：一是注重民族復興。二是應提倡生產教育。三是應以實現三民主義為目標。四是應建立屬於我國自己的教育〔註48〕。在讀經的提倡上，亦有濃厚的現實背景因素，如陳濟棠為對抗中共之思想邪說；何鍵為針對共黨「無祖國」的教條和宣傳；宋哲元則是直接承受日本軍國主義侵略

會論文集》（上），台北：中央研究院近代史研，民國 73 年 12 月，頁 35－36。
〔註42〕同註39。
〔註43〕王健民等著，《潘公展傳》，台北：北市新聞記者公會，民國 65 年 9 月，頁 100。
〔註44〕鄧元忠，〈新生活運動之政治意義闡釋〉，頁 38。
〔註45〕莊文亞編，《全國文化機關一覽》，頁 86。
〔註46〕杜容之，《中國新文化運動的發展》（下），頁 19－20。
〔註47〕杜容之，《中國新文化運動的發展》（下），頁 20。
〔註48〕葉健馨，《抗戰前中國中等教育之研究》（民國 17 年－民國 26 年），台北：文史哲出版社，民國 71 年 2 月，頁 21－28。

的危機與壓力，而有倡導讀經之做法，皆擬於下節來詳述之。

　　總之，由於本時期所感受的內憂外患壓力甚鉅，爲求延續國家民族的命脈，乃有各種運動產生，讀經問題即在此背景下復現。

第二節　讀經觀念之復現與論戰之爆發

　　三民主義教育的實施，雖然統一了中國之教育理念，由於共產主義瀰漫中國，共產黨徒於各地紛起叛亂，破壞了中國傳統的倫理道德。在此情況下，配合政府的五次剿匪，有一些軍人亦提倡讀經，以對抗共產主義違背傳統倫理的行爲。日本對中國的步步進逼，更令軍人憤恨，乃欲以傳統經書來提倡民族精神教育，在諸問題交錯下，使讀經問題再度復萌。

　　除南京、上海外，在此時期提倡讀經最力之軍人有何鍵、陳濟棠與宋哲元三人。其中何鍵之所以在湖南提倡讀經，主要乃對抗共產黨對湖南的侵擾破壞，此外湖南本身的學術傳統「湘學」，亦使何氏認爲民國以來之教育偏向西化，且教育內容違背傳統的倫理道德，故特提倡「三國」以爲對策。所謂「三國」，即爲國術、國學、國醫等三種。廣東的提倡讀經，以陳濟棠爲主事者。陳氏之提倡讀經及受「閩變」之刺激，認爲世衰道微，須以讀經來挽救這個局面，因此他下令廣東各地普遍地來讀經。此種想法可自他給西南政協的上書中，窺出端倪。唯陳氏的主張遭受很多人的反對。宋哲元則屬於西北軍系的大將，先前馮玉祥於練兵時，曾以比較粗淺的典籍來灌輸士兵的觀念。故宋氏於華北獨當一面時，爲求強化二十九軍，遂亦強調讀經，以「忠孝節義」和「四維八德」的觀念，來鞏固部隊的思想。

一、讀經觀念之復現與倡導

　　雖然讀經課程早已被廢，讀經卻仍在一些士大夫的家庭教育裏延續下來。至於國民政府時期公開提倡「讀經」之論的，則首在民國二十年五月南京國民政府會議時，代表劉守榮向大會提出的。

（一）讀經思想之復萌

　　劉守榮所提「請定經書於教科書中，俾符總理遺教以正民德延國性案」，其具體辦法即由國府指令教育部，敦聘國內經師宿儒中，思想開通且具有新知者若干人，來編定經學教科書，且衡量時代之需要而修正。在課程安

排上，則自高小至初中列爲普通科，專取有裨於身心倫理而淺近易行者授之。自高中至大學則列爲專門，屬文科之一系。願修某一經者，聽學生任便自擇，推教材則限定全經〔註49〕。劉氏的意見雖被否決，唯九一八事變後則因國聯無力制裁，而使恢復固有文明及尊孔的論調漸盛〔註50〕。民國二十一年一二八事變後，上海各大學校長以復興中國教育爲號召，舉辦高等教育問題討論會於新青年會，無錫國學專修學校校長唐文治曾經委託錢基博教授代表出席，提出尊孔讀經兩議案〔註51〕，不意竟以各大學校長之反對，而遭否決〔註52〕。迨至民國二十三年湖南廣東省政當局，下令所轄之中小學讀經，讀經之風氣乃大爲盛行，而且成爲大眾所注目之焦點問題。

（二）何鍵對於讀經之倡導

何鍵字芸樵，湖南醴陵人，保定軍校第三期畢業。歷任連、營、團、師長。民國十八年，繼魯滌平而爲湖南省主席。其於任內提倡傳統倫理道德，主張復興固有文化，恢弘民族氣節。理政之餘，並提倡國術和體育，且從事撰述與講學，尤注重於大同思想之闡揚。何氏是中山先生之信徒，亦是儒學倡導者。茲將其思想之特質，闡述如下。

1. 從道德的觀點闡述大學中庸

何氏認爲中華民族之所以偉大的原因，乃是由於道德的融合，而非武力的兼併；是由於倫理的培育，而不是強權的伸張。這種道德與倫理力量的形成，則多由於儒家大學中庸之教，何氏對此一問題實有獨到的見解。當何氏主持湘政之初，約在民國二十年前後，其時正是新舊思想熱烈激盪之際，留學歐美的學者，對傳統倫理道德大加抨擊。何氏基於民族倫理道德的大義，乃挺身而出，每在總理周年紀念或其他公共集會場合，便不斷地宣揚中國固有道德「孝弟忠信禮義廉恥」，並將講演稿彙成一書，題名爲「八德衍義」。彼時雖有不少說何氏是反時代的，反潮流的，然其在社會風氣及學術思想方面，卻起了中流砥柱的作用。不僅在湖南、江南地區抗拒了朱毛反人性、反倫理的赤化殘局，且奠定了八年對日抗戰的有利基礎。何氏自調任中樞之後，

〔註49〕 〈鄭鶴聲先生的意見〉，《教育雜誌》，第二十五卷第五號〈讀經問題專號〉，民國24年5月10月，頁42。

〔註50〕 〈王西徵先生的意見〉，同前引書，頁109。

〔註51〕 〈錢基博先生的意見〉，同前引書，頁26。

〔註52〕 同註51。

抗戰時在陪都重慶仍一本恢復固有道德的主張，大聲疾呼以道德救國。其曾應「中國社會問題研究會」之邀請，編著《救國之道德》一書，一方面以孫先生所講的「忠孝仁愛信義和平」爲總目，一方面闡述大學中庸的要旨。他認爲中庸所說的是道德「縱的系統」，大學所說的是道德「橫的系統」。縱的系統包含人道（誠之者）、性道（性之德）、天道（誠者）三個階段，由下而上叫做「盡人合天」，由上而下叫做「天人合一」。每一個階段，都有實踐的工夫。橫的系統包含「致、誠、正、修、齊、治、平」等八個綱目，其功夫以修身爲根本，「格、致、誠、正」都統屬於修身，向四面一步一步的擴大，身之外有家，家之外有國，國之外有天下，每一個階段都有一個辦法，於大學書中解析極爲明顯。至於平天下，就是「大同之治」了。這兩個系統，前者是哲學，後者是政治，合起來就是「上下左右、四面八方」，無所不至，無所不包，合成一個最圓滿的景象，這才是道德的整體。至於何氏認爲道德之所以能救國，乃是由於：(1)有道德的人，一定有人格。有人格的人一定能忠勇奮發，勤於職守，並且能守住民族崗位，不做漢奸間諜。(2)有道德的人，一定有氣節。有氣節的人，不論在平時亂時，都具有「富貴不能淫，貧賤不能移，威武不能屈」的精神，故人利誘威脅的奸計便根本失其作用。(3)有道德的人，一定富於責任心。有責任心的人，對於國家之急難民族之艱危，自然有「己飢己溺」之胸懷，披髮纓冠，勇往直前，這便是道德救國最簡明的理論。

2. 從政略的觀點研究禮運大同思想

我國近代闡述儒家禮運大同思想的，首有南海康有爲，繼之則爲孫中山先生。康氏闡釋大同，語涉荒誕，實非孔子大同思想之本意。孫先生在講演三民主義時，曾再三提到大同，祇因孫先生對大同方面的主張，爲博大精深的三民主義所涵蘊，不易尋出一個簡明的體系，只有何氏能基於政略的觀點闡釋禮運大同，何氏把《禮運・大同篇》的內容，分爲政治、法律、外交、社會、經濟五項方略，並確認這五項方略就是大同的方略。以其所講政略，並不限於政治的才略，故凡是法律、社會、經濟等方略，大概都屬於廣義的政略範疇。何氏在「禮運大同講義」中指出「選賢與能是政治方略」；而大同政治，則一定是民主政治。因本於「天下爲公」的原則，凡是執政者，必須由人民自行決定，自行選擇，不容許少數人有特殊地位與權利。因此民主政治的基本精神，在於選舉。其進一步地解釋，所謂「賢」就是有道德學問的

人。所謂「能」，就是有才幹技術的人。所謂「選」，就是選舉。所謂「舉」，也就是任用。賢者在位，能者在職，庶政即可臻於治理。「禮運大同講義」中指出「講信」就是法律方略。他以爲法律是保障大衆福利的，也是限制少數人不規則的行爲的。法律儘管可以隨時代與環境有所改移，但有一項基本精神不可變易，此即是「信」。因爲法律既已訂立，就貴在可守與能守，所謂可守，是法律本身之信；所謂能守，爲守法者之信。法律的本身既有信，而守法者又能有信，那麼「法」即可行了。〈大同篇〉中不言法而講信，意即講信而法亦在其中。因此其「講信」是從政略的觀點來看法律的。「禮運大同講義」中認爲「修睦」是外交方略。其並闡釋「睦」字，有「親睦」、「和睦」兩種意田。「親睦」也就是親愛，「和睦」也就是和平。又確認「修」字有講究與實行兩種意思。所謂「講究」，就是彼此尋求親愛和平的方案；所謂「實行」，就是彼此確實地履行研討所得的親善和平方案。在外交方面，能夠尋求親善和平的途徑，能夠履行親善和平的方案，天下自然一家，世界自然大同。他認爲這是亘古今，俟百世而不可或易的外交方略。講義中提示：「故人不獨親其親，不獨子其子，使老有所終，壯有所用，幼有所長，矜寡孤獨廢疾者皆有所養，男有分，女有歸。」即爲社會方略。何氏認爲大同的社會要以倫理做基礎，並指出凡在個人主義和國家主義的社會中，絕難求世界的永久和平。這也就是說倫理本於推愛的道理，從家族倫理（含父子、兄弟、夫婦）推而至於國家倫理（含古之所謂君臣）再推而至於社會倫理（含朋友），即能互愛互助，共存共榮。講義中提示：「貨惡其棄於地也，不必藏於己；力惡其不出於身也，不必爲己。」是經濟方略，何氏認爲大同的經濟方略，重在世界上一切有形和無形的資源，應一律平均發展，不能偏枯或偏廢，以期地盡其利，人盡其才，物盡其用，貨暢其流。因世界一切有形的資源，不外各種貨財；無形的資源，不外人的智力與體力，這些貨力都是天之所生，地之所長，人之所藏，應爲世界上所共有。任何少數人不能得而私之，這就是均富共榮的經濟方略。以上這些方略，都是大同的政略。亦是何氏發揚儒家思想最有創見之處。

我國儒家思想的一個特徵，便在對邪說異端之駁斥不遺餘力，藉以維護自堯、舜、禹、湯、文、武、周公一脈相傳的正統思想。如春秋時代，孔子誅少正卯。戰國時代，異端蠭起，孟子生當其時，對楊朱、墨翟之言，深惡痛絕，毅然以拒楊墨自任，唐代韓愈謂孟子之功不在禹下，即是指此。何氏

生當個人自由主義及馬列共產主義猖獗之時，他對個人自由主義曾有透闢的批判，對共產主義之駁正，更是詞嚴義正，痛快淋漓。當北伐大軍進展到武漢時，中共蠢然思動。某次會議席上鄧演達即公然主張階級鬥爭，何氏因而密主槍決賊人毛、鄧等，以遏亂源，這正是孔子誅少正卯的原意，可是當時礙於與會者的阻力，未能執行。唯何氏此際身負湖南重責，卻能一方面牽制兩廣可能的異動，一方面團結西南各省，同做中央抗日的後盾，其表現自有思想上的淵源。

（三）陳濟棠提倡祀孔讀經

陳濟棠字伯南，廣東防城人，爲粵軍出身之將領。陳氏於民國十九年已總攬廣東軍政大權，陳氏性格堅毅，因而被稱爲「天南王」，凡其職權可及之處，均將平生之主張一一實現。

民國二十一年，陳氏兼任江西剿匪南路總司令，且兼爲西南政委會常委。是年，陳氏匆匆編訂三年施政計劃〔註53〕，呈請西南政務委員會頒令廣東省政府執行，主要原因即爲防範共匪入侵。時朱毛自知在江西無法立足，傾巢南竄，一度衝入廣東之南雄。陳氏除調各地大軍堵截，將其擊潰外，並決定採用思想剿共、政治剿洪、經濟剿共等三大政策，以粉碎中共擬在人心上與國民黨爭取政權的陰謀。其中以思想剿共最爲突出，其作法主要在提倡中國之固有道德〔註54〕。

廣州的讀經，是始自民國二十一年九月，古直任中山大學中文系主任才開始的。古直強命中文系僅授經書課程〔註55〕，此作法影響了陳濟棠。陳氏幼年嘗讀線裝書，國學根柢雖不甚深，然而憤當時巧言亂政之徒，縱恣蔑古，甚於焚書坑儒，乃戚然憂之。適此商惕吾聯同廣東耆紳吳道鎔、陳伯陶、張學華、梁慶桂、桂坫等，連名致書陳氏，請求恢復祀孔，重修聖廟，舉行春秋二祭，提倡學校讀經等事，陳氏均立即接納，一一實施，從善如流〔註56〕。

〔註53〕三年施政計劃包括經濟建設、吏治、鄉治、教育、財政各端，爲廣東施政之簡要藍圖。
〔註54〕〈陳濟棠先生之思想與貢獻〉，見《陳濟棠先生紀念集》，台北：大漢書局，民國46年10月，頁51、52、60。
〔註55〕容肇祖，〈廣東青年的呻吟〉，《獨立評論》一五一號，民國24年5月，頁44。
〔註56〕商山皓，〈「南天王」陳濟棠外傳〉，《藝文誌》第九十四期，民國62年7月，頁23。

民國二十二年六月間，陳氏遂向國民政府西南政務委員會提議，規復祀孔祀
關岳。其提議書略以「國無教不立，而教之推行必統於一專，人無義則漓，
而義之感通，常磅礴乎九霄。孔子者百世之師，吾國教化之極則也。關岳
者，忠義之表，萬百軍人之模範也，以道德格民者宜祀孔子，以忠義率民
者，宜祀關岳。」並提議由廣東省政府教育廳通令各級學校，恢復經學一
科，以使誦讀研究，普及教育。當經議決，由廣東省政府辦理，分由教育、
民政兩廳制定辦法，通令全省切實施行〔註57〕。

　　當時全國各地所謂新知識份子紛紛表示反對，認為陳氏此次提議為開倒
車，為反時代，為反科學。眾口嘵嘵，譁聲紛至，而陳氏卻不為所動。且公
開解釋謂救國之道不衹一端，而祀孔讀經決不致於妨礙救國。並指出「經」
為先聖先賢瘁其心力智慧所得之結晶，一言一行，下足以修身齊家，上足以
治國平天下，徵諸往史，凡盛世必由於尊孔尊經，趙普云半部論語可以治天
下，可為明證。如謂尊孔讀經為反時代，則三民主義為最新最備之主義，其
中引用孔子之學說，如《禮記‧大同篇》及孟子民為貴之理論不一而足，吾
人不奉行三民主義則已，如奉行三民主義則絕不應反孔毀經〔註58〕。他並認
為數千年來，最為國人所崇拜者莫若孔子，故對於崇祀孔子之典禮，通令恢
復，每於春秋奉祀，親率文武官員行禮。陳氏命教育當局擇經書之適用於今
日者，編入教科書內，使一般青年有所觀摩。此舉本無可非議，而外間不
察，以為陳氏一味復古，令學生盲目讀經。其實陳氏的真意，主要是提倡道
德，並擇經文中比較容易了解的，編入教科書中，以訓育青年。此種見解，
無論從理論抑從實際方面，皆是可行的。至於提倡方法，在國民心理上，託
之中國聖哲之口，比託之歐美聖哲之口，其所起之信仰程度殆不可以道理
計。故陳氏之提倡讀經，如視為一種提倡道德之方法，則定無可厚非。而祀
孔，亦同一用意。唯當時國人多以此為復古，議論紛紜，更有說「中國近二
十年來，國民道德極有進步，與孔子無關。」且說「前清最為崇孔，而社會
慘酷，政治貪污」云。殊不知祀孔一事，本身可培養道德信仰，使人在做人
做事方面，有良好之依據，實無非議之理〔註59〕。

〔註57〕《陳伯南先生逝世二十週年紀念集》，台北：陳濟棠先生逝世二十週年紀念會
　　　　籌備處，民國63年11月3日初版，頁48。
〔註58〕同註57。
〔註59〕〈陳濟棠先生之思想與貢獻〉，頁60－61。

　　民國二十三年，自福建事變後，陳氏以福建人民政府毀總理像，廢國旗，皆國民黨舊日同志所為，不勝感慨，乃決心重整道德以挽頹風。秋間，在政委會提尊孔案，恢復祀孔，提倡讀經，敬忠崇孝，並擬聘國內國學大家，重新整理國學，加以研究並重加編訂。關心世道人心者，多表贊同〔註60〕。

　　何侶雪曾言：「自陳總司令提倡經訓，經教育長官再三會議，決定各學校增設經訓一門，此事於人心風俗關係不淺。我中國以道德立國，崇儒重道，向來重視經義。在昔學子入塾讀書，童而習之，即以經書為工具，故聲入心通，循循然於規矩之中，有莫知其所以然也，此惟經義之入人至深故也。自學校廢經，主之者本意，原在於提倡科學，然對於道德方面，不無忽視。而公民貴其能明禮守法，修己愛人，必先鍛鍊人格，然後始不失其為偉大。至於修養大要則不外乎二端：一曰仁，一曰禮，仁存於心，禮行於身，仁者愛人，禮者敬人，有仁則有所忍為，有禮則有所不敢為，人事紛紜，世情險詐，惟恃此不忍與不敢之心，方不至肆無忌憚，無所不為。〔註61〕」故陳氏即以聖賢的行誼作為訓育的方針，領導群眾，改造心理，以養健全的德性，而同趨正軌。他並且認為國民的道德之所以破產，主要在於個人的、功利的、浪費的三種人生觀。現時矯正之法，惟有積極領導國民努力去追求道德的修養。關於道德的修養有八大要點，即「孝弟、忠信、禮義、廉恥、仁愛、和平、公正、守法」〔註62〕，這八種道德都是我國人幾千年來精神界鴻寶，經過無數的古聖賢，或以學說發揮，或以行事作則，其精義有如日月經天，江河行地，歷萬古而不磨。而在今日的社會現象當中，則更屬唯一的救時聖藥。人民有了這八項的道德修養，不愁不把個人的、功利的、浪費的幾個錯誤觀念連根拔去。因為孝弟為百行之原，人人能親其親長其長，民風自然淳良。忠信為立身之權輿，人人能夠盡忠職事，誠信相學，事業自然偉大；有了禮義廉恥的觀念，則一切僥倖貪劣蠅營狗苟的勾當自然絕跡。有了仁愛和平的基礎和公正守法的精神，情感自然融洽，綱紀自然整飭，所以有殘暴害羣和侈汰敗度的弊害都不至發生。國民道德都夠自然培

〔註60〕陳濟棠，〈陳濟棠自傳稿〉，台北：傳記文學出版社，民國63年10月31日初版，頁52－53；《陳濟棠先生紀念集》，頁77。
〔註61〕何侶雪，〈經訓對於公民訓練之關係〉，《教育月刊》第四卷第四期，民國24年4月，頁30－31。
〔註62〕私立德明行政管理專科學校編，《陳伯南先生年譜》，台北，民國61年11月3日初版，頁42－48。

養到這個田地，以言人治可追唐、虞、三代之隆，以言法治可致文景刑措之效了。

（四）宋哲元提倡舊文化舊道德

宋哲元，字明軒，山東樂陵人，幼時在家讀書，讀過四書、詩經、尚書、禮記、左傳、詩賦，為一舊道德薰陶很深的人物。他認定「道德是立國的基本」。當時日本在華北曾有許多「不准設防」、「不准宣傳抗日」等的無理要求，且於條約、協定中都有嚴格的限制。於此無可奈何的情況中，宋氏為了蓄育民族的精神，激發抗戰報國的志節，遂大量編印「民族歌曲集」，還有闡揚「八德」即孝、悌、忠、信、禮、義、廉、恥等的各種教材，透過軍事、政治體系去化導全體的官兵、民眾、青年與學生。

宋氏以為軍人應具備三要素：第一、忠順長官。第二、不怕犧牲。第三、部屬用命。所謂忠順，乃出之於他本然的天性與深受儒家忠君思想的薰陶。不怕犧牲原是軍人的本色，且宋氏訓練部屬亦時常揭櫫民族大義，告訴他們：「軍人打仗怕死，就是對不起中華民族」。這顯然是師承孟子「戰陣無勇，非孝也」而來的。

因宋氏是山東人，出身於書香門第，母沈氏亦熟讀詩書。因父遠遊宦幕，自幼即由課讀四書五經，對我國傳統文化道德認識甚為深刻，而其心目中亦充滿著愛國家、愛民族的意識。宋氏以尊崇舊道德，故治軍主政均力倡道德救國，常說：「真救國，必須說實話，做實事；真革命，必須捨己為人。」他認為孫中山先生是一位實行家，把中華民族傳統的道德注入三民主義，唯具有道德的主義才能救國家、救民族，所以中山先生說：「三民主義就是救國主義」。宋氏敬仰孫先生有遠見，並信仰三民主義，加入國民黨。他認為共產黨的清算鬥爭，打家劫舍，無殊匪徒之行為，譭棄固有道德，不配作堂堂正正的中國人，故主張「要救國，就必須堅決反共！」

宋氏於民國二十三年元旦親撰二十九軍之永久信仰及決心八條，將孔子、國父及蔣委員長同列為「永久信仰」的中心人物。將其照片於二十三年元旦，分發各師、旅、團、營、連、排張掛。三張相片，當中是孔子，上題「大成至聖先師孔子」。兩旁並印有對聯，上是「孝悌忠信」，下是「禮義廉恥」。右邊是國父遺像，上題「革命導師孫總理」。對聯是「忠孝仁愛、信義和平」。左邊的是蔣委員長，上題「革命領袖蔣委員長。對聯是「實行新生活，恢復舊道德」。宋氏之八條「決心」大意是：實踐孔子八德，遵奉國父主義，

服從委員長領導，以復興民族，富強國家等〔註63〕。

「抗日復仇」為二十九軍精神訓練的愛國教育之中心項目之一。西北軍時代，曾有國恥教育的實施。九一八事變發生後，宋氏通電殺敵復仇，二十九軍內部也開始加強抗日的宣傳。而宋氏「寧為戰死鬼，不做亡國奴」以及「有進無退，死而後已」的警訓，立時成為二十九軍將士共同實踐的教條。二十九軍回察省，仍不忘國恥，部隊中不時舉辦大規模的國恥講演。由於這種愛國教育的陶冶，士兵的心理無不充滿同仇敵愾的抗日情緒，這就是二十九軍。其後，二十九軍在日人威迫利誘的惡劣環境下，仍能表現其威武不屈的民族精神之原因所在。

道德教育為二十九軍精神訓練的另一要項。道德實踐的觀念是由尊孔的思想而來，由於要加強道德觀念的薰陶，宋氏提倡讀經。他認為讀經可以明理，可以救國。當二十九軍駐防北平及張家口時，每逢星期三、六晚上，一定請名漢學家梁建章講授經書，營長以上軍官均須到堂聽講〔註64〕。宋氏曾編印過《四書五經白話解說》的袖珍本，分發各級軍官，人手一冊。並編過「八德軍歌」，教士兵們演唱〔註65〕。這種風氣一直不變，此後宋氏主持冀察政務委員會時，曾組織一個「進德社」，每逢星期三、六敦請名儒講經，受邀者如清末狀元劉春霖、翰林賈思紱、潘齡皋、學者梁式堂及平津各大學教授，輪流講述舊道德、新知識、總理學說、三民主義等，分析軍政時事和世界大勢，連吳佩孚都曾被請去講《春秋正義》〔註66〕。然對外只說是研究儒家學說，免遭日人之嫉。

宋氏不僅令二十九軍官兵實踐八德，並曾飭令察哈爾省政府民政廳，頒令各縣，提倡八德，表揚節孝，以是蔚成一種社會運動。茲錄二十三年五月十一日察哈爾省政府重申提倡八德之民字第十四號通令一通於後，以見當時風氣：

> 為通令事：本主席前以世道人心，日趨陷溺，四維不張，國必不強，

〔註63〕宣介溪，〈追念宋哲元將軍〉，《傳記文學》七卷二期，民國54年8月1日，台北。

〔註64〕同註63。

〔註65〕傳記文學雜誌編，《劉汝明回憶錄》，台北：傳記文學出版社，民國55年8月1日，頁181。

〔註66〕孫湘德、宋景憲編，《宋故上將哲元將軍遺集》下冊，台北：傳記文學出版社，民國74年7月7日初版，頁1352；岡村增次郎，〈吳佩孚訪問記〉，《改造雜誌》，東京，1937年12月。

業將孝悌忠信禮義廉恥八德，垂爲訓條，通令遵行在案。茲念幽光
潛德，代有其人，而使頑不化之徒，或亦不能盡免。不有旌別，何
以昭勸懲而資感化。縣長爲民表率，應即屬行八德；以作倡導，不
能僅以貼標語，廣宣傳，認爲了事。著速飭查該縣境內，如有孝子
節婦暨合格八德之一者，務即臚列事實，請予獎勵，以資模範。其
敢顯違訓條，傷風敗俗者，亦應加以相當懲戒，俾知後悔。庶幾風
聲所樹，薄俗斯敦，經正民興，予於此有厚望焉。除通令外，合行
仰該廳長即便知照，切切此令〔註67〕。

宋氏秉承中國儒家之傳統道德思想，爲人謙冲寬厚，視金銀爲身外之物，折
節下士。「重鄉氣、去官氣」，故能贏得部屬歸心，且毅然承受蔣委員長「忍
辱負重，掩護中央抗戰之準備」的特殊任務，在內外交蒸下，出面主持了冀
察政務委員會這個微妙組織，獨立支撐華北局面，緩和了日本帝國主義者對
中國政府的壓力，挺身而與奸險狡詐的日本人交涉對抗。

二、讀經論戰之引發

讀經運動在湖南廣東冀察熱烈推展之時，以廣東之情緒最爲激烈。如容
肇祖原爲中山大學中文系教授，即因反對讀經而被迫去職〔註68〕。省府委員
許崇清奉命審查孝經新詁教本，結果許氏據教育原理與孫中山先生社會三民
主義化的學說，根本反對中小學讀經，後來失去省府委員職位〔註69〕。而胡
適在南來之時，更因與陳濟棠意見衝突而起紛爭，乃引發讀經論戰。胡適早
歲留美歸國，致力於白話文運動，倡導科學的治學方法，介紹西方政治及學
術思想，爲我國新文化運動的先驅，並在北方主編《獨立評論》，甚具聲譽。
陳濟棠則因早年接受傳統文化的洗滌，身入行伍之後，對道德方面的見解，
情有獨鍾〔註70〕。

民國二十一年，陳氏於廣東已有小康之局。二十四年，胡氏受到香港大
學的邀請，南來接受榮譽博士學位。一月六日下午，在香港華僑教育會向
兩百多位華文學校的教員演說了半點鐘，講題是「新文化運動與教育問題」

〔註67〕《察哈爾通志》卷二十五，頁19。
〔註68〕〈鄭師許先生的意見〉，《教育雜誌》第二十五卷第五號，頁32。
〔註69〕〈朱秉國先生的意見〉，《教育雜誌》第二十五卷第五號，頁71。
〔註70〕陳濟棠於戎馬倥傯之際，提倡中國固有道德，建議恢復孔、關、岳祀典，尤
　　　崇忠、孝、恕三者。所謂忠，是忠於國家。孝，是孝於父母。恕，是恕以接
　　　物（物字作眾人）。以上見《陳濟棠先生紀念集》，頁41－44。

〔註71〕。第二天在各華文報紙上登出胡氏演講的記錄，其中有記載抨擊廣東之讀經政策，謂：「現在廣東很多人反對用語體文；主張用古文；不但古文，而且還提倡讀經書。我真不懂。因為廣州是革命策源地，為什麼別的地方已經風起雲湧了，而革命的策源地的廣東尚且守舊如此。」這段筆記認為除了「風起雲湧」與「尚且」等字不是他所用的字外，此外的語氣大致不錯。但「讀經」是陳氏的政策，並且曾經西南政務會議正式通令西南各省。因此胡氏的公開批評，導致陳氏的不悅。本篇演說在一月八日廣州報紙登出之後，即引起嚴重反對〔註72〕。

　　一月九日，廣東省主席林雲陔陪同胡適前往總司令部拜訪陳濟棠。陳氏軍人本色，以先入為主之姿態，向胡氏大發議論謂：「讀經是我主張的，祀孔是我主張的，拜關、岳也是我主張的。我有我的理由。民國十五年，我去過莫斯科研究，觀察之下，認為共產主義是錯的，遂決心反共。因而決定我的兩大政綱：第一是生產建設。第二是做人。我之崇祀關、岳，讀經尊孔，均為提倡『做人』道理的基礎。做人必須有『本』。所謂『本』，必須於中國文化中求之，苟欲做人而不崇拜忠義聖賢，是為忘本。忘本之人，必當唾棄。」此為其主張讀經祀孔的理論。陳氏辭屬而莊，對提倡新文化的胡適絕不客氣，且謂：「中國今日之教育，均為亡國教育。而所謂科學，亦祇知其皮毛，何能建樹？學不到他人的科學真髓，亦不能創造，徒然忘本，非亡國教育而何？」陳氏又言：「聞胡先生亦反對讀經，是嗎？」而胡氏竟不慌不忙，用極肯定的語句答道：「對的，我反對讀經，尤其是反對陳先生這樣的提倡讀經。」他如此回答，實出乎當日權傾南國的陳氏意料之外，陪坐的林主席及其左右，亦為私心惴惴，大感跼踏，因為在陳氏面前隨便說出「反對」字眼的，胡適實

〔註71〕　民國24年1月16日天津《大公報》的〈香港通信〉，就是轉載這篇演講的紀錄全文。在這篇演講辭中，胡適希望香港能夠實現為第一個義務教育的地方，要使有天才的人才有抬頭的機會，非做到義務教育強迫教育不可。胡氏說：「教育的藥沒有什麼，就是多給他教育，不能因為有毛病就不教育，有毛病更應該的教育。教育兩種方法：一是普及，一是提高。把她普及了，又要把她提高，這樣的教育才有穩固的基礎。」〈香港通信〉前加了一段說明：「北大文學院長胡適氏此次到港，接受香港大學名譽博士學位。6日應華僑教育會之請，在港僑中學講演，講演引起粵人反響，以致預定在中山大學及嶺南大學之講演日程，臨時被取消，故胡氏到廣州未多留，即飛往廣西矣。」見民國24年1月16日《大公報》的〈香港通信〉。

〔註72〕　參見胡適，〈南遊雜憶〉（一）香港，刊於《獨立評論》第一四一號，頁15－16。

爲破天荒之第一人〔註73〕。胡氏雖語出驚人，但胸有成竹，接著使用有系統，有充分理由的，向陳氏娓娓其詞，婉陳其道理。陳氏雖非文人，但總有些天賦聰明，尚能略解其大意，亦覺胡氏言之成理。由以上兩人所談之內容來看，陳濟棠是持著中國傳統派的立場，而胡適則持西化派的主張。這兩種觀念的產生，皆與其治學與環境有密切之關係。不過雖然其主張各殊，唯可確認共通的一點是：他們的精神憑藉和價值系統，基本上則多來自儒家〔註74〕。

由於胡陳觀念上的衝突，胡氏在廣州原訂的演講，皆被取消。胡且被指責侮辱廣東人及其文化。更有甚者，一月十二日，中山大學中文系教授古直、鍾應梅、李滄萍通電，主對胡氏斷然處置，以正典刑〔註75〕，亦由於此種缺乏寬容的精神，點燃了讀經論戰的引線。

第三節　讀經論戰之高峰與轉變

讀經問題於民國二十三年之白話文言論戰時，業已被提出。然以論戰之主題漸轉至「白話」、「文言」和「教科書的編製」等問題，故無法得到系統的討論。及至民國二十四年，由於胡適與陳濟棠的公開衝突，乃再引起全國教育界人士的重視。而執教育界輿論牛耳的教育雜誌，有鑑於此一問題之複雜與重要，乃向全國教育界人士徵求高見，而促成此次有系統的論戰，將讀經問題的討論，導入取高峰。此後由於時局轉變，陳濟棠、何鍵、宋哲元等皆失去公開提倡讀經之省分，而使此一問題漸寢。可是及至抗戰中期，由於汪偽政權之提倡讀經，激起國民政府之對抗，因而乃使讀經問題再一次復活，不過由於這一問題已超越本論文之範圍，故於此不宜多論。

〔註73〕 胡適，〈南遊雜憶〉（二）廣州，刊於《獨立評論》第一四二號，頁 17－19。

〔註74〕 陳濟棠、胡適二人之中，除陳氏未受西方文化的影響，是傳統文化者外，胡氏是直接受到西方思想的洗禮。但基本上他們仍在儒統之內。儘管儒學和儒家意識形態之間有著千絲萬縷的關聯，二者之間終有一道界線在，則是自孔子以來即爲儒者所明確意識到的。把學術思想與意識形態混爲一談，始終不能正確地瞭解「五四」反傳統、反儒家的歷史意義。胡氏晚年曾正式地否認他「反孔非儒」。他說他對長期發展的「儒教」有嚴屬的批判，但是在一切著作中對孔子、孟子、朱熹卻是「十分崇敬的」。見《胡適口述自傳》，頁 258。其實他的意思正是說他反對儒家的「孔家店」意識形態，但是並不反對儒學本身。

〔註75〕 胡適，〈南遊雜憶〉（二）廣州，頁 23。

一、讀經論戰之高峰──《教育雜誌》

　　胡適在民國二十四年一月南下，赴香港大學接受榮譽博士學位，由於在香港講演涉及了廣東省政府下令中小學讀經之問題，且表示反對態度，結果廣州方面取消了胡氏原已約好的講演。中山大學中國文學系教授古直等通電聲討胡氏，且請求廣東省當局處胡氏以極刑。此種極端保守偏激的做法，實已令開明之士感到震驚！因此需要一個立場公正的機構，來做客觀的仲裁，而《教育雜誌》乃義不容辭地負起這個責任來。

　　《教育雜誌》自宣統元年創刊以來，就以「研究教養，改良學務」爲宗旨。如清末陸費逵任主編時，即曾對學堂章程力主讀經表示異議，迨民國建立，又支持小學廢經。即令中國陷於軍閥混戰之中，《教育雜誌》亦肩負起傳布教育新知的職責。似此經過二十多年之努力，業已建立其領導聲望（此點可由其有三萬餘讀者及參與討論者之地位得知）。民國二十三年九月，《教育雜誌》復刊時，主編何炳松提出六項目標，作爲《教育雜誌》的使命〔註76〕，而使此刊物更具時代之特色。然其主編何炳松由於其兼具中西學術根基〔註77〕，對問題較能保持客觀的立場。誠如何氏所自言：「本雜誌編者自己對於這個問題，本無成見；而且凡是帶有學術性質的雜誌，除提倡學術研究外，根本上亦不應有成見。〔註78〕」由此可知何氏所秉持的立場與態度。

　　《教育雜誌》之讀經論戰亦係何炳松所促成的。何氏深感此項問題關係吾國文化學術前途甚大，極有請教方家公開討論之價值〔註79〕，乃於民國二十四年三月一日向全國教育界發出徵求意見函，其用意即在「思集全國專家之意見，供全國青年讀者之參考」〔註80〕，而不是提倡讀經。何氏發出一百餘封徵求意見的信，而得到專家所撰之文七十篇，內容可謂應有盡有。何氏對此成果甚感驚訝，尤其有數篇文字是撰人自動寄示的，而非出於何氏的請

〔註76〕此六項目標爲：（一）打倒文盲。（二）建設農村。（三）提倡生產教育。（四）提高文化程度。（五）創造獨立的教育理論與方法。（六）介紹外國教育文化的理論和實際，以期實現三民主義的教育宗旨，幫助促進中國民族的復興。以上見王雲五，〈景印教育雜誌舊刊全部・序〉，頁9。刊於《教育雜誌》第一卷一號首。

〔註77〕何炳松於十五歲中秀才，後至美國留學，得普林斯頓大學碩士學位回國。見《民國人物小傳》第二冊，台北：傳記文學出版社，民國66年6月，頁32。

〔註78〕〈全國專家對於讀經問題的意見〉，《教育雜誌》第二十五卷第五號，頁1。

〔註79〕〈鄭鶴聲先生的意見〉，《教育雜誌》第二十五卷第五號，頁43。

〔註80〕同註79。

求〔註 81〕，更顯出此問題的深受重視。何氏爲此，特地把整期教育雜誌編爲讀經問題專號，以容納此諸多篇幅，且在刊首撰〈全國專家對於讀經問題的意見〉加以整理分類，藉使該專號得以顯現其條理。

以下即擬試從參加撰文者之一般資料來考察，以指出此次論戰之某些人事特色，並藉此考察參與者之間聯繫的組織與彼此的關係，以爲背景的介紹，至於較深入的人事分析與思想討論，則留在下章進行。

（一）參與者身分

何炳松雖言是邀請專家參與討論，然因爲此問題吸引了甚多人士的注意，以致參加者之成分乃變得複雜化，其較特殊的有何鍵（軍人）、李書華（物理學家）、翁文灝（地質學家）等，故使問題的討論更具多樣性。然仍以中國文學、教育學兩部門的人爲最多，因爲此一問題在本質上乃屬教育層面。就參加者的職業來看，有省主席何鍵、教育部官員吳研因等，而最主要的還是一些大專教授。由於參與者之知識水準相當高，乃使論戰的素質亦甚爲可觀。

（二）參與者相互關係

雖然參加者多是以個人名義投稿，然而他們彼此之間卻有著錯綜複雜之聯繫的，底下略分數項說明之：

1.同事之誼

如孫寒冰、謝六逸、章益、李權時皆任教於復旦大學〔註 82〕，姚永樸、陳朝爵、謝循初、周予同皆爲安徽大學文學院的中堅〔註 83〕，而古直、曾運乾、陳鼎忠、方孝岳的意見更是由四人聯名提出，此因他們皆任教於中山大學之故〔註84〕。因此，同事的關係對某些人的參與意願，是有所影響的。

2.參與社團

何炳松在簡介參與者的生平時，皆提及他們所隸屬的社團，足見此種關係爲當時所重視的社會經歷，而範圍較大的社團，也可打破校際關係，達到較廣泛的合作。參與討論者大多隸屬於中國教育學會，乃能有共同的認知，而任

〔註81〕〈編後餘談〉，《教育雜誌》第二十五卷第五號，頁 136。
〔註82〕〈編後餘談〉，頁 3－4。
〔註83〕同註 82。
〔註84〕〈編後餘談〉，頁 3。

鴻雋、江問漁、楊衛玉、劉百閔更是以社團負責人身份參加討論〔註85〕，使社團扮演的角色更加突出。

3. 學術合作

部分參與者由於所學相似，志同道合，故曾有學術合作的現象產生，如姜琦與杜佐周曾合撰《普通教育》一書；孫寒冰所主編的《社會科學大綱》一書中，即曾收有章益、李權時所撰的文章〔註86〕。而王新命、章益、孫寒冰、陶希聖、陳高傭、何炳松則更是著名的中國本位文化建設宣言的簽署者；似此皆是他們合作的先例，也對彼此之間的觀念與立場有所認同。

4. 參與國家政策制定

參與者由於本身的學術地位與聲望，常被邀請參加制定政策的會議，而對國家政治的推行，產生重要影響。在參加的會議中，以全國教育會議最為重要，因為每一次的會議，皆對國家未來的教育發展，提出新的規劃與指標。在民國十七年五月舉行的第一次全國教育會議，即有蔡元培、陳禮江、范壽康、程時煃、姜琦、陳鶴琴、吳研因等參加。姜琦且提出確立三民主義為教育宗旨議案，影響甚大〔註87〕。民國十九年四月的第二次全國教育會議，則有趙廷為、吳研因、李蒸、蔡元培、李權時、陳鶴琴與會〔註88〕。此外，如民國二十一年四月在洛陽召開的國難會議，教育文化即有陳高傭、唐文治、任鴻雋、翁文灝、陶希聖、李書華、高陽、劉百閔應邀參加〔註89〕，似此均可見參加讀經論戰者之活力與聲望。

5. 教育論爭

參與討論者之間，並不全是和諧一致的，他們之間也常因見解不同而發生論爭，如民國二十年四月尚仲衣在中華兒童教育社年會講「選擇兒童讀物的標準」時，便同情湖南省政府主席何鍵所主張「打破鳥言獸語等神怪讀物，採用古今名人名言讜論的材料」，而引起吳研因的反對與駁斥〔註90〕。在

〔註85〕 同註82。

〔註86〕 孫寒冰主編，《社會科學大綱》，上海：黎明書局，民國25年9月四版，〈目錄〉。

〔註87〕 《全國教育會議報告》甲編，頁21－26。

〔註88〕 《第二次全國教育會議始末記》，頁13－28。

〔註89〕 沈雲龍，《民國史事與人物論叢》，頁336。

〔註90〕 〈教育界消息〉，《教育雜誌》第二十三卷六號，民國20年6月，頁125－126。

此最值得注意的人為吳研因。吳氏身為教育部主管初等教育的科長，自然負有維護政府決策的責任，因此當尚仲衣公開同情何鍵主張而批評部訂兒童讀物標準時，吳氏立即起而反駁與辯護。當民國二十三年湖南廣東冀察在恢復或提倡中小學生讀經時，教育部則下令禁止強令中小學生讀經，此當即吳氏之主張〔註91〕。吳氏且進而對主張讀經的軍人加以批評，其意以為此軍事長官的責任在「執干戈，以衛社稷」，如今外侮迭乘，失地數省，國家弄到這步田地，如還不知自責而反嫁罪於「道德淪喪」，而強要學生讀經〔註92〕，實為值得非議。故吳氏對此乃採「以古議古」方法，探漢書之文加以諷勸。同時吳氏對於廣東楊壽昌所撰的經訓讀本序亦曾予以抨擊，認為不合教學原理〔註93〕。於此可見，吳研因已成為對抗反中央教育政策的急先鋒，因而乃使論戰隨之發生。

綜合上述，我們可知參與者間有各種形式的組合與衝突，此亦是論戰能以較大的規模出現之原因。

二、倡導讀經之發展及其衰微──陳濟棠、何鍵、宋哲元

讀經與否之衝突，自胡適與陳濟棠揭開序幕後，至民國二十四年五月達到高峰。不過其間仍有諸多發展，直至抗戰時期方才日漸衰微，現特析論於下。

（一）陳濟棠之倡導與終結

儘管受到新知識分子的猛烈抨擊，陳濟棠仍固持己見，且進一步有組織地倡導讀經，其作法就是成立明德社。

明德社成立於民國二十三年九月二十一日〔註94〕，創立的理由為「方今世風日下，人慾橫流，邪說異端，層見疊出，同人等怵然憂之，爰發起組織本社。〔註95〕」可知其著重於道德精神層面的努力。然而此種地方政府組織社團的舉動，尚含有與中央政策相對抗的用意。如宋哲元亦曾組織「進德社」，每逢星期三、六敦請名儒講經〔註96〕；韓復榘在山東倡立的「進德會」，

〔註91〕〈吳研因先生的意見〉，《教育雜誌》第二十五卷第五號，頁89。
〔註92〕〈吳研因先生的意見〉，頁88。
〔註93〕同註92。
〔註94〕〈明德社舉行社員大會之經過情形〉，《新民月刊》一卷七、八期，民國24年12月，附錄頁1。
〔註95〕〈明德社社務報告〉，《新民月刊》一卷七、八期，附錄頁3。
〔註96〕李雲漢，《宋哲元與七七抗戰》，台北：傳記文學出版社，民國62年9月15

則有與新生活運動相抗衡之意〔註97〕。其動機皆大體相同，而陳濟棠倡導讀經，也還有稽古右文之意，企圖藉此提高自己的聲望。

明德社由濟棠之兄陳維周任社長，副社長爲陳玉崑，董事尚有黃麟書、林時清、余漢謀、李揚敬等人〔註98〕，具是陳濟棠之重要幹部，其重要活動主要爲出版與教育，其作法大致有三：

1. 發行刊物，宣傳思想

爲使其活動範圍更加擴大，影響力更強，發行刊物是最好的方式。爲此，特發行兩種期刊：(1)《明德週刊》：爲普遍宣傳社旨，於民國二十四年三月四日起，藉廣州《民國日報》於每星期一附刊《明德週刊》〔註99〕。(2)《新民月刊》：此爲學術性期刊，其宗旨在於「闡揚固有道德，探討中外文化，介紹西方學說，矯正唯物偏見。〔註100〕」於此可見其目標之高超與所企圖達成之目的。此月刊於民國二十四年五月中旬發行創刊號起，每期發行約一萬份。發行對象除委託書坊銷售外，並贈送全國各機關、團體、圖書館及明德社員〔註101〕。雖自稱「編輯精審，頗受各界人士歡迎」〔註102〕，然因常刊登明德社活動與陳濟棠講演詞，故亦含有宣傳讀經之性質。

2. 設立機構，訓練人才

爲求紮根，特成立教學機構，網羅人才來訓練，其機構有二：

(1) 學術研究班

爲短期訓練性質，創立目的在於「闡揚國學精華，探討西洋思想，比較中外文化，提倡固有道德。〔註103〕」該班於民國二十四年五月六日開訓，研究期限爲四個月，研究科目有：①孝經四書。②群經大義。③老子莊子。④宋明理學與顏李學說。⑤西洋哲學與科學思想。⑥現代政治經濟社會之思想

日，頁51。
〔註97〕張家昀，〈韓復榘的一生〉，《世界華學季刊》第四卷第三期，台北：民國 72 年 9 月，頁 36。
〔註98〕同註95。
〔註99〕〈明德社社務報告〉，《新民月刊》一卷七、八期，附錄頁 4。民國日報爲黨報，明德社的活動受到西南政委會的支持，由此可見一班，亦可知西南當局之分離意識。
〔註100〕同註 99。
〔註101〕同註 99。
〔註102〕同註 99。
〔註103〕同註 99。

及制度。⑦中外文化原理〔註104〕。於此可見其欲綜合中西文化精華之雄心。班裏採導師制，以提倡自由研究精神，其師資則有劉冕卿（《經學》）、繆子才（《經學、子學》）、張君勱（《宋明理學和中外文化原理》）、謝幼偉（《西洋哲學與科學思想》）、梁明致（《現代政治經濟社會之思想及制度》）〔註105〕，為新舊學皆俱之安排至為明顯。其第一學期學生來源除原招考錄取之輪迴講師四人、幹事十六人外，陳濟棠並將前政訓人員之派往民財兩廳服務，及曾經大學專門學校畢業或修業者九十三人，送班加入研究，合計有一百一十三人。研究班於九月十日舉行畢業典禮，學生之分發工作大致有下列數種方式：

①原明德社之講師幹事二十人仍留社服務。

②陳恩成等四人調充學海書院助教。

③廖勁弓等三人調充軍校教官。

④陳冠倫等十六人調回第一集團軍總部原職，由總部省府會銜派往各縣任特務巡察。

⑤陳應鎏等八人，派任鹽運使公署充政訓工作。

⑥王文傳等十四人，送入學海書院充特課生。

⑦裘尚中等十六人，則派出各縣擔任明德社分社籌備事宜。

⑧張育康等二十七人調回民財兩廳服務，由各廳派往各縣促辦自治，及派赴東江南路各地充任緝私外勤督察等職〔註106〕。

這些學生俱是文學校畢業的，原任政府職務的九十三人，在畢業後留為明德社（民間團體）服務的有三十四人，可見陳濟棠對明德社之重視了。而派往地方任特務巡察與緝私外勤督察者，似乎工作與在學術研究班所受中西學術思想之性質不同。然而陳濟棠原意或在使這些人接受道德訓練，以便在地方任事時，能潔身循法。由陳濟棠屢往學術研究班講演訓示，又增加明德社的人手，可知他是想藉此機構訓練人才，以協助自己治理廣東。於此也反映了他認為受過學術思想訓練者，有助於從政任事的想法。

（2）學海書院

道光初年阮元任兩廣總督時，曾在廣州創設學海堂，以提倡研經學風，此

〔註104〕同註99。

〔註105〕〈明德社學術研究班開學演詞彙錄〉，《新民月刊》一卷二期，民國 24 年 6 月，頁 7。

〔註106〕〈明德社社務報告〉，頁 4－5，另有五人不詳。

機構延續至光緒末年始罷，然在長達九十年之培育下，業已成爲廣東之經學重鎮〔註107〕。如今明德社欲創辦書院、倡導經學，自然加以利用。書院於民國二十四年創立，由張東蓀任院長，陳玉崑、鍾介民爲副院長〔註108〕。下設國學組，由瞿宣穎負責，師資有楊壽昌、古直、曾運乾、張君勱、錢星湖等〔註109〕。其中楊、古、曾三人曾參與讀經論戰，張君勱則爲反國民黨之重要人物，因而引致中央政府之敵視〔註110〕。其學術宗旨在「振起民族文化，參以西學方法及其觀點，以期於融會貫通之中，重建新中國文化之基礎。〔註111〕」

學海書院第一期之學生有一○三人，除由學術研究班保送十四人任特殊課生外，餘均在廣州、北平、上海考選國內各大學畢業之俊才入院〔註112〕，性質頗類清華國學研究院。在入院深造期間，由院方供給費用，使學生之生活能無掛慮。其在課業方面，以讀書及作札記爲主，由導師教學生各擇經史要籍，按日熟讀，撰爲札記〔註113〕。其次設有講論會，使學生就國學各重要問題加以辯論，以培養辯才〔註114〕。再其次爲專題研究，由學生就各人專精，擇題深入研究，目的在於「以明確方法整理吾國政治社會各問題。〔註115〕」在教學上則甚爲自由，學生不分組系，但據所願成就之學業，而決定應從何師、讀何書，不立畢業年限，若於學業有部分成就，而可告段落者，即由書院給予證書〔註116〕。

學海書院在訓育方面亦甚重視，其訓練方法有三：

①採取吾國先儒之遺規，以涵養學生之人格。

②實行軍事化之管理，以整肅全院之紀律。

〔註107〕古直，〈學海堂述略〉，《新民月刊》一卷七、八期，特載頁2－3。

〔註108〕〈明德社社務報告〉，頁5。

〔註109〕《新民月刊》一卷六至八期；謝國楨，〈近代書院學校制度變遷考〉，收於《張菊生先生七十生日紀念論文集》，上海：商務印書館，民國26年1月，頁319。

〔註110〕江紹貞，〈張君勱〉，收於《民國人物傳》第二卷，北京：中華書局，1980年8月，頁412。

〔註111〕〈學海書院簡章第一條〉，轉引自張君勱，〈書院制度之精神與學海書院之設立〉，《新民月刊》一卷七、八期，通論頁9。

〔註112〕〈明德社社務報告〉，附錄頁5。

〔註113〕謝國楨，〈近代書院學校制度變遷考〉，頁319。

〔註114〕瞿宣穎，〈學海書院國學組教學大旨〉，《新民月刊》一卷六期，附錄頁4。

〔註115〕瞿宣穎，〈學海書院國學組教學大旨〉，頁3。

〔註116〕同註112。

③運用民治之精義，以訓練共同之生活，使有志之士，得以成材，爲民族復興之骨幹〔註117〕。

此乃綜合古今中外之良法，以期能作育英才，達到復興民族之目標。綜觀學海書院之教育，其遵循之原則有三：第一、學行並重。第二、各科之聯絡與綜合。第三、從民族復興之需要上研究國故〔註118〕。其目的在建立新精神，發揚新風氣，以達成救國之使命。

3.編譯論叢，傳布新知

爲求進一步紮深學術根基，乃努力整理典籍，以爲研究之憑藉，其作法分中西兩種：

（1）設立明德社編纂館

聘姜忠奎爲館長兼總纂，繆鉞爲編纂，王維庭爲協纂。其首要工作爲整理國故，希望以審慎抉擇來融會諸家精義，消除漢宋成見。且根據現代生活之形態爲作新解，使難讀之書易於通曉，古人之言切於實用。其作法爲逐期分配材料，編成專書，以作爲學校之教材，或備學者之檢考〔註119〕。

（2）編印譯叢

爲介紹西方文化精華，乃從事編譯西書工作，其擇書之理由如下：

①西方華化研究叢書：海通以來吾國崇尚西方學說，然而西方人驚於華化之奇，銳志研究者不乏其人。其所論有考訂華化來源者，有研究吾國特殊情況者，均可作爲攻錯借鑑之資。

②哲學科學業書：近年來國人皆知科學之應提倡，並注重分科研究，然於分門研究之上，應有綜合之觀察以求會通，庶幾能調劑科學與哲學之特長。

③社會科學叢書：近來國內關於社會科學書籍之出版者，大抵屬於俄國唯物辯證法，有失其偏，爲求矯正，乃從事不同性質之迻譯。

④國際智識叢書：爲矯正忽略各國之民族性與歷史之弊，乃選譯有關各國民性與制度之書〔註120〕。

〔註117〕同註112。
〔註118〕〈學海書院簡章第一條〉，頁10－11。
〔註119〕〈明德社社務報告〉，附錄頁6。
〔註120〕〈明德社社務報告〉，附錄頁6－7。

　　總之，綜觀明德社的組織與活動，我們可發現其具有相當的深度，已超越陳濟棠前所倡導之引人非議的中小學讀經了。推測陳濟棠之目的，乃藉此提昇廣東之學術水準，以厚植傳統學術之生命，開創新的風氣，亦進而提高自己的地位與聲望，扭轉知識分子鄙視武人提倡讀經之印象，其作法毋寧是較高明的。儘管陳濟棠之用心良苦，然而由於政治上長久與中央對立，自處於半獨立之狀態，故屢受中央之敵視與打擊。民國二十五年六月，「兩廣事件」發生，陳濟棠在中央策反下，弄得眾判親離，失去廣東的地盤，而自政治舞台上隱退。而學海書院亦在失去政治力量的支持後被封閉〔註121〕，自此廣東讀經運動乃告終結。

（二）何鍵之努力與結束

　　在何鍵主湘政八年半間，時時感受到江西中共之威脅，為求在思想上廓清共產思想之毒素，乃竭力宣揚孝、悌、忠、信、禮、義、廉、恥等八德，並將之與三民主義聯繫起來〔註122〕。在固執自己的信念下，何鍵進而對公開唱反調的人亦時加抨擊。如胡適與陳濟棠發生衝突後，何鍵即致電廣東當局，對胡適大加攻擊，以為胡適提倡新文化運動，致使傳統美德淪喪，予共產黨以可乘之機〔註123〕。他並對胡適在《獨立評論》上之言論，予以痛責，認為乃「公然為共匪張目」，足見何氏已把反讀經與共產黨劃一等號，態度甚為激烈〔註124〕。

　　為達成衛道之目的，何氏並在民國二十六年二月的中國國民黨五屆三中全會中，提出「請命令學校讀經以發揚民族精神而實現總理遺教案」，認為「學生必須研究孔子經義以正其思想」〔註125〕，因未能獲得多數支持，故無法通過，然亦可見其努力提倡讀經之一般了。

　　民國二十六年十一月二十日，國民政府為推行長期抗戰國策，宣布改組長江流域各省政府，何氏奉調為內政部長，由張治中繼之〔註126〕。在失去湖

〔註121〕江紹貞，〈張君勱〉，頁412。
〔註122〕李靜之，〈何鍵〉，《民國人物傳》第三卷，北京：中華書局，1981年8月，頁205。
〔註123〕〈何鍵的佳電〉，民國24年2月14日刊登於香港《循環日報》，轉引自胡適，〈雜碎錄〉，《獨立評論》一四九號，民國24年5月5日，頁19。
〔註124〕同註123。
〔註125〕何鍵，〈請命令學校讀經以發揚民族精神而實現總理遺教案〉，《月報》一卷五期，民國26年4月，轉引自李靜之，〈何鍵〉，頁205。
〔註126〕吳相湘，〈何鍵實行剿共〉，《民國百人傳》第三冊，台北：傳記文學出版社，

南的地盤後，何氏再也沒有先前的影響力，湖南讀經問題至此亦告結束。

（三）抗戰爆發與冀察讀經之消失

宋哲元在民國二十四年十一月，受任爲冀察綏靖主任，肩負捍衛華北重任。宋氏爲蓄育民族精神，激發抗日救國之志節，乃倡導讀經。由於宋氏在華北之重要地位，因而他的倡導讀經亦引起非議與批評。但中央對他的信任與支持，使其在華北的地盤不受動搖〔註127〕。宋氏爲推行讀經，特取四子書縮印，分贈所屬誦習，並曾影印「管子」千部，分贈軍政各界研讀。他並闡述尊孔之大義，認爲孔教之優點有四：一爲性理之眞傳。二爲倫常之正宗。三以中庸爲正則。四以樹人格之模範。因此祀孔之目的，乃在挽救世道人心，發揚中國文化，強固民族精神，保存國家正氣〔註128〕。宋氏在主政冀察後，政治上亦配合尊孔讀經而行。如郭沫若選集內容損及孔孟人格，即被查禁。爲培育傳統學術人才，特在保定蓮池設立蓮池講學院，由梁式堂主持，以研究國故，溝通新舊學術，造就通才爲宗旨，並撥款輔助尊經社之活動，足見其倡導讀經之努力〔註129〕。

民國二十六年「七七事變」爆發，二十九軍力戰不利，且陣亡了副軍長佟麟閣與一三二師長趙登禹二人〔註130〕，宋氏不得已乃撤出平津。隨著全面抗戰之爆發，戰區日益擴大，宋氏在日軍進逼下退出河北，自此轉戰多方，而讀經之風亦隨之而息。

縱觀這一階段的讀經運動與論爭，皆是在對應內憂外患的情勢下產生的。由於割據分裂的長久存在，使中央政令無法普徧貫徹地方，以致讀經之舉仍能持續下來。儘管《教育雜誌》主動徵集各方意見加以討論，然因見仁見智，加以環境需求，僅能得到調和的結論。最後隨著中央勢力的壯大及日本之進逼，使軍人失去地盤，亦令讀經問題因而結束。然而此種解決方式乃是非學理的，以致讀經問題時而復萌，爭論不休，其因實亦在此。

　　　　民國60年1月，頁161。

〔註127〕李雲漢，〈對宋明軒將軍生平事蹟的幾點補充〉，《傳記文學》三十一卷一期，民國66年7月，頁35。

〔註128〕孫湘德、宋景憲編，《宋故上將哲元將軍遺集》上冊，台北：傳記文學出版社，民國74年7月7日初版，頁96-100。

〔註129〕孫湘德、宋景憲編，《宋故上將哲元將軍遺集》上冊，頁485-540。

〔註130〕葉逸凡，〈印象深刻的三件事〉，《傳記文學》三十一卷一期，頁24。

第四章 讀經論戰之分析

讀經論戰源自複雜的民族意識與教育思想，在此論戰中參與者之人事背景，自爲首須考慮處理的因素，本文想透過此一客觀資料的分析，而能有助於對參與者主張的瞭解。至於參與者之見解與主張，則列於二、三節分別予以討論。

第一節 讀經論戰之人事分析

讀經論戰大體可以說是《教育雜誌》主編何炳松所促成的。《教育雜誌》於民國二十三年九月復刊，乃由何氏出任主編，自此對於教育問題推動了數次大規模的集體討論。由何氏預選某一教育上之重要問題，約請專家學者參與討論。然後於各期雜誌中撥出相當篇幅，闢爲專欄予以發表。爲配合此一舉動，《教育雜誌》並在同時聘請國內七十四位教育專家擔任特約撰述，其目的即在於「常常得到他們的指導和撰稿，而使本雜誌能成爲全國教育界共同發表心得的總機關。〔註1〕」在何氏的努力下，《教育雜誌》漸漸地活躍起來，並對教育問題扮演一個主動積極的角色。

在讀經論戰前，《教育雜誌》亦曾有過類似的集體討論，如課程安排、教學方法等問題，其中尤以〈全國教育專家談救國教育〉最引人注目，計篇幅多達一百多頁，參與者高達數十人。然而以整期篇幅刊登一種討論，且參與者多達七十多人，當以讀經論戰爲首次。在諸多參加人士中，幾近一半爲首度在《教育雜誌》撰文，可知此一問題之引人注意與重視。

在此，先把參加討論者之資料列表歸納如下，以爲分析之根據：

〔註 1〕 〈我們的特約撰述〉，《教育雜誌》第二十四卷一號，民國 23 年 9 月，頁 193。

表4-1：論戰人事資料表

編號	姓名	字號	年齡	籍貫	學歷	學門	現職	所在地	參加社團	著述	與教育雜誌的關係	資料出處
1	唐文治	蔚芝	71	江蘇太倉	前清進士	中國文	交通大學校長 無錫國學專修學校校長	無錫		《尚書大義》《詩經大義》《周子大義》《榮陽學術發微》《茹經堂文集》	首次撰文	(2)(7)(9)(13)(21)(28)
2	姚永樸	仲實	75	安徽桐城	前清舉人	中國文	安徽大學特約經學講座	安慶		《尚書義略》《群經考略》《史學研究法》	首次撰文	(2)(7)(18)(21)(28)
3	陳朝爵	慎登	60	湖南長沙	前清長沙府學生	中國文	安徽大學文學院教授	安慶	中國國民黨	《文學釋詞》《漢書藝文志約說》《顏習齋學案》	首次撰文	(2)
4	古直	公愚	49	廣東梅縣	自修	中國文	中山大學中國語文學系系教授	廣州	南社	《曹子建詩箋》《陶靖節詩註》《汪容甫文箋》《諸葛忠武侯年譜》	首次撰文	(2)(8)(24)(35)
5	曾運乾	星笠	49	湖南益陽	湖南優級師範畢業	中國文	中山大學中國語文學系系教授	廣州		《尚書正讀》《喪服釋例》《禮經通論》《左氏禮例》	首次撰文	(2)(24)(26)(35)
6	陳鼎忠	天倪		湖南益陽		中國文	東北大學教授（民國十五年）嶽麓大學教授（民國十八年九月）中山大學中國語文學系教授	廣州		〈原史〉(《文史匯刊》一卷一期)〈史部彙考〉(《文史匯刊》一卷一期)(與曾運乾合著)《通史敘例》〈原疏〉(《文史匯刊》一卷二期)	首次撰文	(2)(24)

序號	姓名	字	年齡	籍貫	學歷	學門	現職	地點	團體	著作	撰文	
7	方孝岳	御錞	41	安徽桐城	安徽存古學堂大學畢業 上海聖約翰大學畢業 日本早稻田大學法律系畢業	中國文學	上海申報館編輯 北京大學講師 中國大學教授 廣東鶴山縣長 中山大學中國語文學系教授	廣州		與鍾建閎合譯：《古代法》《左傳通論》《大陸近代法律思想小史》《中國文學批評》	首次撰文	(2)(8)(38)
8	王節					中國文學	正風文學院	上海			首次撰文	(2)(21)
9	何鍵	芸樵	49	湖南醴陵	湖南法政學堂畢業 保定軍校第三期騎科畢業	軍事學	湖南省政府主席	長沙	中國國民黨	《小康與大同》《八德衍義》《靖國本治大綱》《孫子新註》	首次撰文	(2)(7)(19)(20)(32)
10	楊壽昌	果菴	58	廣東惠陽	前清舉人 兩廣廣雅書院畢業	中國文學	嶺南大學國文系主任	廣州		《春秋研究導言》《春秋三統述義》《孟子文學的藝術》《活的教育》	首次撰文	(2)
11	憶欽					教育學	湖南省文化事業負責要人	長沙			多次撰文	(2)
12	雷通群	振扶	46	廣東台山	東京高等師範學校畢業	教育學	中山大學教授 廣州市教育局督學	廣州	中國教育學會	《教育社會學》《中國新鄉村》《教育》《西洋教育通史》	特約撰述	(1)
13	錢基博	子泉	49	江蘇無錫	自修	中國文學	光華大學文學院院長	上海	理科研究會 進德會	《版本通志》《經學通志》《明代文學》《中國文學史》《現代中國文學史》	首次撰文	(2)(17)
14	顧實	楊生	60	江蘇武進	東京日本大學法律科專門部畢業	中國文學	江蘇教育學院教授 東南大學國文教授 滬江大學國文教授 正風文學院教授	無錫		《漢書藝文志講疏》《穆天子傳西征講疏》《中國文字學》《中國文學史大綱》《楊朱哲學》	多次撰文	(2)(8)(26)

編號	姓名	字	年齡	籍貫	學歷	專業	職務	地點	團體	著作	撰文	期別
15	鄭師許		39	廣東東莞	南京高等師範學校畢業	中國文學	交通大學中國文學科講師	上海	中華學藝社 中國考古學社	《中國金石學概論》《中國考古學論叢》《說文解字集注》《中國文字學》	首次撰文	(2)
16	江亢虎	亢廬	53	江西弋陽	北京東文學堂畢業 三度赴日留學	社會學	講壇月刊主編	上海	英國皇家學會 亞洲文會 存文會	《江亢虎文存初編》《台遊追紀》《天臺管窺》《中國社會改革》	多次撰文	(2)(15)(28)
17	李蒸	雲亭	41	河北灤縣	北京高等師範學校畢業 美國哥倫比亞大學哲學博士	教育學	北平師範大學校長	北平	中國教育學會 中國社會教育社	《美國一教師學校組織之研究》《民眾教育講演輯要》	特約撰述	(1)(32)
18	任鴻雋	叔永	50	四川巴縣	前清秀才 中國公學肄業 東京高等工業學校畢業 應用化學科學士 康奈爾大學學士 哥倫比亞大學碩士	化學	中華教育文化基金董事兼幹事長	北平	美國化學會 中華教育文化基金會 中國科學社 中國工程師學會 中國化學會 中華教育改進社	《科學概論》 譯：《教育論》《科學與科學思想發展史》	多次撰文	(2)(7)(10)(18)
19	陳祖燕	立夫	37	浙江吳興	北洋大學學堂畢業 美國匹茲堡大學採礦學碩士	工礦學	中國國民黨中央黨部組織部長兼中央執行委員	南京	中國教育電影協會 中國文化建設協會 中國國民黨	《中國文化建設論》《唯生論》《中國電影事業》	首次撰文	(30)(32)(33)
20	鄭鶴聲	萼孫	35	浙江諸暨	南京高等師範學校畢業 文史地科 東南大學史學系畢業	歷史學	國立編譯館專任編審兼教育部審查地圖審查委員	南京		《中國文獻學概要》《中國史部目錄學史》《司馬遷年譜》《漢研究》	多次撰文	(2)(27)
21	朱君毅		44	浙江江山	北平清華學校畢業 美國約翰霍普金斯大學畢業 哥倫比亞大學哲學博士	教育學	國民政府主計處主計官兼統計局副局長 中央政治學校計政學院主任教授	南京	中國教育學會 中國科學社 中國統計學社 中國計政學會	《教育統計學》《教育統計學綱要》《心理學與教育之統計法》	特約撰述	(1)

編號	姓名	字	年齡	籍貫	學歷	專長	職位	地點	團體	著作	撰文	代號
22	蔡元培	子民	68	浙江紹興	前清進士 德國萊比錫大學 漢堡大學研究	人文學	中央研究院院長	南京	中國教育學會 華法教育會	《哲學要領》《東西學書錄敘教》《中國倫理學史》	多次撰文	(7)(13)(39)
23	李書華	潤章	46	河北昌黎	直隸高等農業學堂畢業 法國都魯芝大學理學碩士 法國巴黎大學國家理學博士	物理學	北平研究院副院長	北平	法國物理學會 中華天文學會 中國物理學會	《原子論》《原子論淺說》《房山遊記》《李華遊記》	首次撰文	(2)(16)(36)
24	胡韞玉	樸安	58	安徽涇縣	前清清附生	中國文學	持志學院教授 暨南大學教授 民報社社長	上海	南社 中國國民黨	《校讎學》《墨子解詁》《中國文字學史》《中國訓詁學史》	首次撰文	(2)(7)(14)(28)
25	王吉曦（新命）		44	福建福州	奉天工程局測量科練業	新聞學	晨報總經理撰述 濱海中學校校長	上海	中國文化建設協會 中國國際學會 中國國民黨	《湖南自治運動史》《狗史》、《蔓蘿姑娘》 譯：《貧民政策》《救助論》	首次撰文	(8)(34)
26	何清儒		35	河北天津	清華學校畢業 美國安提亞大學碩士 哥倫比亞大學博士	教育學	中華職業教育社研究主任	上海	美國心理學會 中國教育學會 人事管理學會	《人事管理》《現代職業》《中國青年職業問題》	特約撰述	(1)
27	楊鄂聯	衛玉		江蘇嘉定	上海理科專修學校畢業 尚賢書院畢業	教育學	中華職業教育社副主任 大夏大學講師	上海	中國教育學會 中華學藝社 新中國建設學會 江蘇省教育改進社	《女子心理學》《工業教育》《職業陶冶》《職業教育概論》	特約撰述	(1)
28	陳鶴琴	一潔	55	浙江上虞	清華學校畢業 美國奮普斯金大學學士 哥倫比亞大學碩士	教育學	上海工部局華人教育處處長	上海	中華教育改進社 中華兒童教育社	《兒童心理研究》《家庭教育》《語體文應用字彙》	特約撰述	(1)(6)(27)(29)(30)

編號	姓名	字號	年齡	籍貫	學歷	學科	職務	地點	團體	著作	撰述	備註
29	李權時	雨生	41	浙江鎮海	清華學校畢業 美國碧羅脫大學學士 芝加哥大學碩士 哥倫比亞大學博士	經濟學	復旦大學商學院院長 銀行週報社主編兼經理	上海	中國經濟學社 中國統計學社	《財政學原理》《商業循環》《商業教育》《商業政策》《商業統計》	多次撰文	(2)(21)(29)
30	繆鎮藩			江蘇常熟	北京大學文學士 美國哥倫比亞大學文學碩士 威斯康辛大學研究院研究	中國文學	金陵女子文理學院國文教授	南京			首次撰文	(2)(21)(41)
31	劉英士	善鄉	36	江蘇海門	美國哥倫比亞大學文學士 紐約新學院研究二年	經濟學	國立編譯館專任編譯	南京	中國國民黨	《歐洲的向外發展縮女解放新論觀》	首次撰文	(2)(30)
32	吳自強	健行	36	江西崇仁	東京高等師範學校畢業	教育學	南昌第一中學校長	南昌	中華學藝社 中華職業教育社	《江浙教育考察一瞥》《日本現代教育概觀》	多次撰文	(1)(8)
33	崔載陽		36	廣東增城	廣東師範學校畢業 法國里昂大學哲學博士	教育學	中山大學教育系主任兼教育研究所主任	廣州	中國國民黨	《法德英美教育與建國》《近世六大家社會學》《初民心理及社會制度之起源》	特約撰述	(1)(21)(24)(27)(33)
34	鄭通和	西谷	37	安徽廬江	南開大學文學士 美國史丹佛大學教育學碩士 哥倫比亞大學碩士	教育學	上海中學校長	上海	中國教育學會 中華學藝社 中國科學社 中國職業教育社 中國國民黨	編：《中學校行政》	特約撰述	(1)(5)(23)(33)(40)
35	黃翼	羽儀	33	福建廈門	清華學校畢業 美國史丹佛大學心理學碩士 耶魯大學心理學博士	心理學	浙江大學教育系教授	杭州	美國心理學會 中國教育學會 中華兒童教育社	《神仙故事與兒童心理》《學校訓育之改造》	特約撰述	(1)(21)(26)(35)

編號	字	年齡	籍貫	學歷	專業	職務	地	團體	著作	撰述	備註
36	友三 章益	35	安徽滁縣	復旦大學文科畢業 美國華盛頓大學教育學碩士	教育學	復旦大學教育系主任兼附中高中部主任	上海	中國教育學會 新中國建設學會 中國國民黨	《社會心理學》 《行為主義的幼稚教育》 《鄉村教育叢書》	特約撰述	(1)(21)(26)
37	允藏 范壽康	40	浙江上虞	東京帝國大學文學士	教育學	武漢大學教授	武昌	中國教育學會 中華學藝社	《教育概論》 《論理學》 《教育哲學大綱》 《哲學及其根本問題》	特約撰述	(1)(22)(25)(33)
38	承訓 謝循初	43	安徽當塗	金陵大學畢業 美國易諾理大學文學士 芝加哥大學碩士	心理學	安徽大學教務長兼文學院院長	安慶	中華教育改進社	《心理學》 《現代心理學派別》 《行為心理學大意》	特約撰述	(1)(27)
39	斠玄 陳鐘凡	48	江蘇鹽城	北京大學文學士	中國文學	中山大學文學院教授	廣州	中華學藝社 中國社會教育社 中華圖書館協會	《古書讀校法》 《諸子通誼》 《漢魏六朝文學》 《兩宋思想述評》 《中國韻文通論》	首次撰文	(2)(26)(30)
40	軼塵 趙廷為	36	浙江嘉興	北京師範大學教育研究科畢業	教育學	中央大學教授	南京	中國教育學會 中國測驗學會	《教育心理學》 《小學教學法通論》 《低年級算術教學法》	特約撰述	(1)(26)
41	逸民 陳禮江	40	江西九江	九江同文書院畢業 美國帝堡大學學士 芝加哥大學碩士	教育學	江蘇教育學院教務主任	無錫	中國教育學會 中國社會教育社	《普通教育學法》 《教育心理學》 《各國教育哲學背景》	特約撰述	(1)(21)(22)(27)
42	天游 方授楚	38	湖南平江	武昌高等師範學校畢業	中國文學	江蘇教育學院講師	無錫		《墨學源流》	首次撰文	(27)
43	冰谷 朱秉國	28	江蘇如皋	江蘇省立民眾教育院畢業	教育學	江蘇教育學院出版之教育與社會週刊及校聞主編	無錫	中國社會教育社 中國文化建設學會		多次撰文	(2)

序號	姓名	字	年齡	籍貫	學歷	學科	職務	地點	團體	著作	撰述	參考
44	陳 柱	柱尊	46	廣西北流	南洋大學電機科肄業 日本成城學校畢業	中國文學	交通大學中國文學系教授兼系主任	上海		《周易論略》《尚書論略》《老學八篇》《諸子概論》《中國散文史》	多次撰文	(2)
45	陳高傭		34	山西平遙	北平師範大學教育系畢業 日本東京帝大研究院肄業	歷史學	暨南大學教授兼上海法學院大學教授	上海	中華學藝社 中國科學化運動協會 中國國民黨	《各理通論》	多次撰文	(2)(26)
46	傅東華	凍礁	43	浙江金華	上海南洋公學中院畢業 上海工業專門學校土木工程科畢業	中國文學	文學月刊主編 生活書店編輯	上海	文學研究會	《散文集》《山胡桃集》譯：《詩學》《奧德賽》《失樂園》	首次撰文	(2)(10)(26)
47	杜佐周	紀堂	41	浙江東陽	武昌高等師範學校畢業 美國愛荷華學院學士 愛俄華州立大學碩士博士	教育學	廈門大學教育心理學系主任	廈門	美國全國教育學會 中華學藝社 中國社會教育社 中國統計學會	《普通教育》（與姜琦合著）《小學教育問題》《小學行政》	特約撰述	(1)(26)
48	高覺敷		40	浙江永嘉	北京高等師範學校修業 香港大學教育學士	心理學	勤勤大學師範學院教授	廣州	中國教育學會 中華學藝社 永嘉新學會	《兒童心理學新論》《社會心理學史》《實驗心理學史》《現代教育思潮》《教育心理學大意》	特約撰述	(1)(26)
49	姜 琦	伯韓	50	浙江永嘉	東京高等師範學校畢業 明治大學政治學科士 美國哥倫比亞大學教育碩士	教育學	湖北教育學院院長	武昌	中國教育學會 中華學藝社 中華職業教育社 中華兒童教育社 中華教育改進社	《教育史》《教育哲學》《中國國民道德原論》《三民主義課程論》	特約撰述	(1)(2)(7)(14)(26)

序號	姓名	年齡	籍貫	學歷	學科	職務	地點	團體	著作	撰述	期數
50	程時煃 柏廬	47	江西新建	東京高等師範學校畢業 美國芝加哥倫比亞兩大學碩士	教育學	江西省政府委員兼教育廳長	南昌	中國教育學會 中國藝學社 中國科學社 中華職業教育社 中國社會教育社 中華教育改進社	《柏廬講稿論文集》	特約撰述	(1)(7)(22)
51	高陽 踐四	44	江蘇無錫	中國公學中學畢業 東吳大學文學士 美國康乃爾大學碩士	教育學	江蘇教育學院院長兼教授	無錫	中國科學社 中國社會教育社	《民眾教育》《三十五年來之中國民眾教育》	特約撰述	(1)
52	蔣復璁 慰堂	38	浙江海寧	北京大學哲學系畢業 德國柏林大學圖書館學院畢業	圖書館學	中央圖書館籌備處主任 中央古物保管委員會常務委員	南京	中華圖書館協會 中國教育電影協會 中波、中意、中德、文化協會	《故宮文物》《訴信錄》《圖書館管理》《圖書館與圖書館》	首次撰文	(2)(33)
53	劉莊 百閔	37	浙江黃巖	黃巖縣立中學畢業 東京法政大學畢業	中國文學	日本研究會理事 日本評論主編	南京	中華學藝社 日本研究會	《經學導論》《周易釋論》《中國行政學論》《中日條約之彙釋》《日本政治制度》	首次撰文	(3)(21)(33)
54	吳研因	50	江蘇江陰		教育學	上海商會學校主任 商務印書館編輯 教育部普通教育司第二科科長	南京	中國教育電影協會	《編國文國語歷史教科書》《鳥鵲雙飛》《滿天星》	特約撰述	(2)(6)(21)(31)(41)
55	倪承毅 塵因	32	江蘇吳江	復旦大學畢業	教育學	中央大學	南京	江蘇省師範教育研究會 江蘇省鄉村教育研究會 吳江縣教育會		多次撰文	(1)(2)
56	陳融 (望道) 參一	46	浙江義烏	日本中央大學法學學士	中國文學	太白半月刊主編	上海	中華學藝社 文學研究會 新南社 手頭字推行會	《修辭學發凡》《作文法講義》《因明學》《望道文輯》	首次撰文	(2)(6)(10)(16)(26)

序號	姓名	年齡	籍貫	學歷	學門	職務	地點	團體	著作	撰述	編號
57	謝六逸（無堂）	40	貴州貴陽	日本早稻田大學文學士	中國文學	復旦大學中國文學系和新聞系主任	上海	中華學藝社文學研究會	《水滸集》《茶話集》《西洋小說發達史》《日本文學史》《新聞學概論》	多次撰文	(2)(7)(17)(26)
58	孫毓麒（東水）	34	江蘇南匯	復旦大學畢業 美國華盛頓大學經濟學碩士 哈佛大學研究	經濟學	復旦大學法學院教授兼院長 黎明書局總編輯	上海	中國國民黨	《合作主義》《價值學說史》主編：《社會科學大綱》譯：《政治科學與政府》	多次撰文	(2)(10)(34)
59	王治心	50	浙江吳興	前清附貢生	中國文學	金陵大學神學院中國哲學教授 文社月刊總編輯 福建協和大學國文系主任 滬江大學國文系主任	上海		《中國宗教思想史大綱》《孔子哲學》《道家哲學》《墨子哲學》《中國學術源流》《三民主義研究大綱》	首次撰文	(2)(41)
60	江恒源（問漁）	50	江蘇灌雲	江蘇優級師範畢業 北京大學文學士	中國文學	中華職業教育社主任	上海	中華職業教育社	《倫理學概論》《中國先哲人性論》《中國詩學大綱》《中國文字學大意》	特約撰述	(1)(6)
61	周憲文（毅伯）	29	浙江黃巖	京都帝國大學經濟學部畢業	經濟學	中華民國駐日留學生監督	東京	中華學藝社	《經濟政策綱要》《新中南業概論》『社會政策與社會問題』《東北與日本》	多次撰文	(1)(16)(33)
62	翁文灝（詠霓）	47	浙江鄞縣	震旦大學畢業 比利時魯汶大學物理學及地質學博士	地質學	北平研究院 地質調查所所長 行政院院長（1948）	北平	中華教育文化基金會 中國科學社 中國地理學會 中國礦冶工程學會 中華教育改進社	《地震》《錐指集》《鑛法要義》《路礦關係論》《中國鑛產志略》《翁文灝文集》	首次撰文	(18)(32)

序號	姓名	字	編號	籍貫	學歷	學科	職務	地點	團體	著作	撰述	篇目
63	尚仲衣		34	河南羅山	清華學校畢業 美國哥倫比亞大學教育學碩士 哲學博士	教育學	北京大學教授	北平	中國兒童教育社 中國社會教育社	《小學國語讀本》《小學低年級教學法》譯:《普通教育學》《教育學》	特約撰述	(1)(29)
64	王希曾（西徵）	伯諮	35	遼寧瀋陽	東南大學畢業	教育學	北京大學講師 東北大學講師	北平	中華教育改進社 中華平民教育促進會	《蘇俄的活教育》	多次撰文	(2)
65	陶彙曾	希聖	37	湖北黃岡	北京大學法律系畢業	歷史學	北京大學法律系教授	北平	中國國民黨	《中國司法制度》《中國社會之史的分析》《中國封建社會史辯士與游俠》	多次撰文	(8)(33)(37)
66	劉秉麟	南陔	46	湖南長沙	英國倫敦大學畢業	經濟學	武漢大學法學院教授	武昌	中國經濟學社	《亞丹斯密傳》《經濟學原理》《各國社會運動史》	首次撰文	(25)(30)
67	林繩直	曠儒	47	廣東信宜	廣東高州高郡中學堂畢業 東京高等師範學校畢業	教育學	勷勤大學教授兼教育學院院長	廣州	中國教育學會 中華學藝社 中華教育改進社	《倫理學要領》《倫理學大綱》《中國倫理學史》	特約撰述	(1)(4)(6)(19)(35)
68	吳家鎮	重嶽	48	湖南湘鄉	東京高等師範學校畢業	歷史學	廈門大學教育學院教授	廈門	中國教育學會 中華教育改進社 明日之教育社	《世界各國學制考》譯:《日本教育史》	特約撰述	(1)(8)(27)
69	周毓悉	子同	38	浙江瑞安	北京高等師範學校國文部畢業	歷史學	安徽大學教授兼中國語文學系主任	安慶	中國教育學會 中華學藝社 立達學會 文學研究會 工學會	《經今古文學》《群經概論》《皮著經學歷史》《注釋》《中國現代教育史》	特約撰述	(1)(11)(18)(26)
70	柳慰高	亞子	49	江蘇吳江	前清秀才 上海理化速成科學校肄業	中國文學	上海市通志館館長	上海	中國教育學會 南社、新南社 中國國民黨	《乘桴集》《懷人集》《蘇曼殊全集》	首次撰文	(2)(7)(10)(32)

序號	姓名	字號	年齡	籍貫	學歷	學門	職務	地點	社團	著作	撰述	參考資料
71	曾作忠	恕存	37	廣西桂林	北平師範大學畢業 美國華盛頓大學碩士 哲學博士	教育學	暨南大學教授	上海	中國教育學會 中國心理學會 中國國民黨	《道爾頓制教育》《初級中學教育》《英法德美四國中等教育》《兒童學》	特約撰述	(1)(27)
72	葉青（任卓宣）		40	四川南充	北平高等法文專業肄業 留法勤工儉學 莫斯科中山大學畢業	哲學	上海辛墾書局總編輯	上海		《胡適批判》《張東蓀哲學批判》《哲學到何處去》編:《哲學論戰》《哲學叢書》	多次撰文	(2)(12)(26)(33)
73	中華大學中國文學系					中國文學		武昌		《中大叢書》	首次撰文	(21)

說明:
1. 本表人物排列順序,係沿用教育雜誌以讀經誌主張分類之序,俾便於後分析討論。
2. 因某些先生係以字號作爲筆名,故列此項以頭蔡生時爲止。
3. 年齡計算,以其年在民國二十四年讀經論戰時蔡生時爲止。
4. 學歷論列,以其在各個階段讀經的最高學歷爲原則(舊學、新學、國內、國外),有時爲深入瞭解,對於國外之學歷,得詳加註明。
5. 學門劃分爲主要經歷之分類,皆予列入。以明其所活動之範圍,國內社團因資料甚少,爲便於統計分析。
6. 由於各人之經歷甚爲複雜,不能一一列出。故僅列入名冊、未列入名冊者,則依其所著作與著作的予分類。
7. 凡曾加外國社團者,皆予列入,以明其活動範圍,國內社團擇重要的擇政黨,教育社團屬於此項,予以列入。
8. 著述採列之下限,定於民國二十四年以前,唯少數幾位因資料甚少,爲免於後面之統計分析,加列「不評」一項,予以區分。
9. 資料若有不詳之項,則空白以示後,依序編號排列於後,資料出資記代號。
10. 本表參考之資料:(1)《教育雜誌》第二十四卷。(2)《教育雜誌》第四十八卷。(3)《傳記文學》第二十五卷。(4)《傳記文學》第四十五卷。(5)《傳記文學》第四十六卷。(6)《中共人名錄》。(7)《中國當代社會科學家》第一冊。(8)《中國文化界人名大辭典》。(9)《中國近代人物總鑑》。(10)《中國現代六百作家索引》。(11)《中國當代社會科學家》第一冊。(12)《中華民國人名錄》。(13)《民國人物小傳》第一冊。(14)《民國人物小傳》第二冊。(15)《民國人物小傳》第三冊。(16)《民國人物小傳》第四冊。(17)《民國人物小傳》第五冊。(18)《民國人物小傳》第六冊。(19)《民國人物傳》第三卷。(20)《民國百人傳》第四冊。(21)《全國文化機關一覽》。(22)《全國教育會議報告》。(23)《自由中國名人傳》。(24)《國立中山大學現狀》。(25)《國立武漢大學一覽》。(26)《專科以上學校教員名冊》第一冊。(27)《專科以上學校教員名冊》第二冊。(28)《清末民初中國官紳人名錄》。(29)《清末民初洋學學生題名錄初輯》。(30)《現代中華民國人名鑑》。(31)《第二次全國教育會議始末記》。(32)《當代中國人物志》。(33)《當代名人》。(34)王新命《新聞圈裡四十年》。(35)朱希祖、鄭亭學《鄭亭學行日記》(民國二十一年至二十年)。(36)《六十自述》。(37)陶希聖《潮流與點滴》。(38)趙慈庵,談〈中國文學人論〉。(39)蔡元培《蔡元培自述》。(40)鄭通和,〈六十自述〉。(41)楊家駱,《碣廬集》、《潮家集》、《民國名人圖鑑》。

　　對於參與論戰諸人之分類，若以中小學中應否讀經爲標準，約可分爲下列諸派：

甲、絕對贊成讀經派：自 1 唐文治－16 江亢虎皆可劃歸此類。（Ⅰ）

乙、相對贊成或反對讀經派：若以初中作爲贊成或反對的界限，則可細分如下：

　　A.相對贊成派：認爲初中以上可以讀經，而小學則不一定，其意見爲：

　　　　①把經書部份精華編爲中小學教材：自 17 李蒸－19 陳祖燕（立夫）。（Ⅱ）

　　　　②初小不宜讀，高小以上不妨選讀：20 鄭鶴聲－21 朱君毅。（Ⅲ）

　　　　③大學不妨當做一種專門研究，中學不妨選讀幾經，小學讀經卻是有害無益：22 蔡元培－33 崔載陽。（Ⅳ）

　　B.相對反對派：認爲讀經至少從高中起或甚至中學也不宜讀，此亦可分爲三種：

　　　　①初中以下不宜讀經，至少應從高中起：34 鄭通和（西谷）－36 章益。（Ⅴ）

　　　　②經書不妨自由研究，但不宜令中學以下學生去讀：37 范壽康－46 傅東華。（Ⅵ）

　　　　③經學應讓專家研究，年輕人不宜：47 杜佐周－61 周憲文。（Ⅶ）

丙、絕對反對派：62 翁文灝－71 曾作忠。（Ⅷ）

丁、綜合派：其意見涉及三派，然無法納入者，另立此派以納之：72 葉青－73 中華大學中國文學系。此派在底下統計之時，將視情況列入。（Ⅸ）

　　以上是一個粗略的分類，爲求統計之方便，特將上述各派意見，以 Ⅰ－Ⅸ 做爲代號，底下就依序來分析。

（一）各派人數

　　對於讀經問題的分析，首先值得注意的，乃是參與討論者的意見，各受到多少支持，現列表如下：

表 4-2：論戰人數統計表

類 別				人數	百分比	備 註
甲	絕 對 贊 成 讀 經 派		I	16	22.2%	
乙	相對贊成或反對讀經派	A 相對贊成派	II	3	4.2%	
			III	2	2.8%	
			IV	12	16.6%	
		B 相對反對派	V	3	4.2%	
			VI	10	13.9%	
			VII	15	20.8%	
丙	絕 對 反 對 派		VIII	10	13.9%	
丁	綜 合 派		IX	1	1.4%	中華大學除外
合 計				72	100%	百分比計算：數值小數點以下第一位四捨五入。以下諸表皆同。

在上表中，因中華大學中文系未明言有多少人，故排除於統計之外。其餘若以單項來比較，則絕對贊成派以 22.2% 領先各派，尤其是勝過絕對反對派之 13.9%；然而，由於此乃依據來文做爲統計，若無其他證據支持，則不能說全國贊成讀經者占多數。此外，若把人數占 62.6% 的相對派合起來，則相對贊成派之 23.6% 不及相對反對派之 38.9%。若進而把所有贊成與反對的各派分別加起來，則反對派以 52.8% 領先贊成派之 45.8%；因此我們可以說，此次論戰是以反對讀經之人數占較多數（在此不考慮意見之價值）。然而，在反對讀經者當中，又以相對派爲主（以 38.9% 項領先絕對反對派之 26.3%），因此，反對派之態度仍是較緩和的，而非無條件排斥讀經。

（二）各派年齡

無可否認的，年齡對於人的思想與態度，會有某種程度的影響，藉此用在底下來考察此種因素：

表 4-3：論戰年齡統計表

類別 人數 年齡	21-30	31-40	41-50	51-60	61-70	71-80	年齡不詳	平均年齡
I 16		（39）1	（41,46,49 49,49,49）6	（53,58 60,60）4		（71,75）2	3	53.8

	人數							平均
II	3		(37) 1	(41,50) 2				42.6
III	2		(35) 1	(44) 1				39.5
IV	12		(35,36,36,36) 4	(41,44,46) 3	(55,58) 2	(68) 1	2	45.5
V	3		(33,35,37) 3					35
VI	10	(28) 1	(34,36,38 40,40) 5	(43,43,46,48) 4				39.6
VII	15	(29) 1	(32,34,37 38,40,40) 6	(41,44,46,47 50,50,50) 7			1	41.3
VIII	10		(34,35,37 37,38) 5	(46,47,47 48,49) 5				41.8
IX	1		(40) 1					40
合　計	72	2	27	28	6	1	2	6	389.1 42.1
百分比	100%	2.8%	37.5%	38.9%	8.3%	1.4%	2.8%	8.3%	

備註：I 類年齡不詳爲陳鼎忠、王節、憶欽。IV 類年齡不詳爲楊鄂聯、繆鎭藩。VII 類年齡不詳爲王治心。IX 類中華大學除外。

　　綜觀上表，年齡最大的兩位：姚永樸（75 歲）、唐文治（71 歲）皆在絕對贊成之列，使絕對贊成派以 53.8 平均年齡領先各派；但是，此派有 19%（三人）之年齡不詳，因此其平均年齡之變動可能性仍大，僅能暫時視爲平均年齡最大的一派；此也略爲符合「老年人較保守」的印象。年齡較輕的朱秉國（28 歲）、周憲文（29 歲）列於相對反對派中，而非絕對反對派；且絕對反對派之年齡較相對反對派爲高（41.8 歲、41.3 歲、39.6 歲、35 歲），故不一定是年齡較輕者之態度會較激進；此或因絕對反對者亦是經過深思熟慮方提出反對的意見，也算是成熟的表現。在各派中，以相對反對之第一派平均年齡最輕（35 歲），若將相對贊成與反對派分別合計，來與絕對贊成派相比較，則其次序當爲絕對贊成（53.8）→相對贊成（42.5）→絕對反對（41.8）→相對反對（38.6）；由於有六人（8.3%）之資料不詳，故此結論仍須保留。我們若以贊成與反對兩派來比較，則贊成派以 45.35 歲領先反對派之 39.42

歲；由於贊成派有五人不詳，故其差距可能會再縮小。因此我們似可斷言贊成讀經派之平均年齡較反對者爲高，然而絕對反對派並非年齡最輕者。又此次論戰之平均年齡爲 43.2 歲（以 31.50 歲年齡爲最多，占全人數 76.3%），故可視此次論戰爲中年、壯年人之論戰。

（三）各派籍貫

由於讀經論戰乃針對湖南、廣東提倡讀經而來，故探討各派的籍貫，或有助於瞭解各派所持的立場。

表 4-4：論戰籍貫分佈表

籍貫＼類別人數	I	II	III	IV	V	VI	VII	VIII	IX	合計	百分比
	16	3	2	12	3	10	15	10	1	72	100%
江　蘇	3			3		2	5	1		14	19.4%
安　徽	2			1	2	1				6	8.3%
湖　南	4					1		2		7	9.7%
廣　東	4			1				1		6	8.3%
江　西	1			1		1	1			4	5.5%
河　北		1		2						3	4.2%
四　川		1							1	2	2.8%
浙　江		1	2	3		3	8	2		19	26.4%
福　建				1	1					2	2.8%
廣　西						1		1		2	2.8%
山　西						1				1	1.4%
貴　州							1			1	1.4%
河　南								1		1	1.4%
遼　寧								1		1	1.4%
湖　北								1		1	1.4%
籍貫不詳	2									4	2.8%

備註：I 類籍貫不詳爲王節、憶欽。IX 類中華大學除外。

　　參加討論者之籍貫分佈於十五省，其中關內十四省（雲南、山東、陝西、甘肅除外）、關外一省（遼寧）。若以關內諸省區分北中南三部分來比較，則中部地方以七省五十三人（74%）高居首位，南部以四省十一人（15.3%）次之，北部則以三省五人（7%）敬陪末座，可知此次論戰是以中部人爲主。在各省中，浙江以十九人（26.4%）居首位，且十九人中，無絕對贊成讀經者，屬相對贊成派者亦少於相對反對派，此現象或可以李國祁先生之意見來解釋。李氏以爲「浙江倡辦新式教育較一般內地省份爲早，亦較普遍」，其課程雖以「讀經爲主，西學爲輔」，卻對新思想的傳佈，有重要的影響〔註 2〕；在此新舊教育陶冶下的人，自然對新舊學皆有認識，加上環境的變遷，乃有傾向求新的態度產生。

　　在絕對贊成讀經派中，以廣東人、湖南人居多（各四人），此或與廣東、湖南爲受抨擊之對象，而引起讀經派起來維護自己立場有關。江蘇有三人，且包括唐文治、錢基博等公開倡導讀經的人，足見此派參與者之省籍，雖曾有相當的影響，然主要仍係當事人之故，而有此分佈現象。相同地，絕對反對派雖分隸八省，然亦有江蘇、湖南、廣東等贊成讀經省份之人，故可視爲個人意見之表達，與省籍之關係不大。

（四）各派學歷

　　參加論戰者，雖以中、壯年人爲主，然若無相當學識加以配合，其意見也不會受人重視；而何炳松雖言「請全國專家來討論」，若能從其學歷來探討，更能確認專家的資料，現列表如下：

表 4-5：論戰學歷分析總表

學歷＼類別　人數	I	II	III	IV	V	VI	VII	VIII	IX	合計	百分比
人　數	16	3	2	12	3	10	15	10	1	72	100
自　　修	2									2	2.8%
府 學 生	1			1			1			3	4.2%
書　　院	1			1						2	2.8%
舉　　人	1									1	1.4%
進　　士	1									1	1.4%

〔註 2〕李國祁，《中國現代化的區域研究——閩浙台地區》，台北：中研院新史所，民國 71 年 5 月，頁 479－480。

專　　科				1		1	1	3	4.2%
師範專科	2				1		1	4	5.6%
軍　　校	1							1	1.4%
國內學士			1		3	2	2	8	11.1%
美國學士				1				1	1.4%
美國碩士	1	2		2	2	2	4	13	18.1%
美國博士		1	1	2	1	1	2	8	11.1%
日本專科					1			1	1.4%
日本師範專科				1			2	3	4.2%
日本學士	2					2	4	8	11.1%
日本研究	1							1	1.4%
德國學士						1		1	1.4%
德國研究				1				1	1.4%
法國博士				2				2	2.8%
比利時博士						1		1	1.4%
香港學士						1		1	1.4%
英國學士						1		1	1.4%
俄國學士							1	1	1.4%
學歷不詳	3					1		4	5.6%

備註：I 類學歷不詳爲陳鼎忠、憶欽、王節。VII 類學歷不詳爲吳研因。IX 類中華大學除外。

在此表中，舊式學制培養出來的人（進士以上諸欄）多屬於贊成讀經之派別，尤其是以絕對贊成讀經派居多數，此或與其所學有關。此項統計由於僅取其最高學歷，故有些得過功名之人未能列出。然因這些人後來皆受新式教育，其所學與舊有大不相同，故亦可略而不談。由此表中可發現在國內受新式教育者，多屬於反對讀經派，此現象疑是受新教育影響所致。贊成讀經者中，絕對派僅三人曾留學外國，而相對贊成第三派則有八人之多；同樣地，相對反對第三派則有十一人之多，足見留學外國可能對其讀經主張有所影響，然而不一定留學外國即是反對讀經者。爲求進一步瞭解各個人之學歷與就學狀況，底下再簡列兩表以配合說明：

表 4-6：論戰學歷分析略表

類別　人數　學歷	I	II	III	IV	V	VI	VII	VIII	IX	合計	百分比
人　　數	16	3	2	12	3	10	15	10	1	72	100%
功　　名	2									2	2.8%
專　　科				1		2		1		4	5.5%
師範專科	2			1		1		3		7	9.7%
學　　士	2		1	1		5	8	3	1	21	29.2%
碩　　士	1	2		2	2	2	4			13	18.1%
博　　士		1	1	4	1		1	3		11	15.3%
其　　他	6			3			1			10	13.9%
不　　詳	3						1			4	5.5%

表 4-7：論戰就學各國表

類別　人數　就學國別	I	II	III	IV	V	VI	VII	VIII	IX	合計	百分比
人　　數	16	3	2	12	3	10	15	10	1	72	100%
中　　國	9		1	3		5	3	4		25	34.7%
美　　國	1	3	1	5	3	2	5	2		22	30.5%
日　　本	3			1		3	4	2		13	18.1%
法　　國				2						2	2.8%
德　　國				1			1			2	2.8%
英　　國								1		1	1.4%
比利時								1		1	1.4%
俄　　國									1	1	1.4%
香　　港							1			1	1.4%
不　　詳	3						1			4	5.5%

　　據表六看來，參與論戰者以學士最多，占 29.2%；碩士次之，占 18.1%；博士又次之，占 15.3%，若再加上專科及師範專科，則總數達 78%。換言之，參加論戰者，以受過新式學校訓練者爲主；而其中有博士十一位，碩士十三位，更屬難得，故其素質是相當高的。若以絕對贊成與反對派來比較，則舊

學出身者，以贊成讀經派較反對派者多（8：5），此為絕對贊成讀經派較特出之處。

　　若以表七來看，則絕對贊成派就學以國內為主，絕對反對派則以外國為主。若分成贊成、反對二派來看，則在中國就學者，以贊成派為多（13：12），外國則以反對派為多（法國、德國除外）。留學國家以美國為最多（占 30.5%），日本次之（18.1%），此似可反映出中國教育受外國影響，乃自日本變成美國之趨勢。留美學生當中，以清華大學留美為最多（有朱君毅、何清儒、陳鶴琴、李權時、黃翼、尚仲衣等六人）；而雷通群、姜琦、程時煃、任鴻雋四人等為先赴日後赴美，故兼具美日之學術背景。在所學科目中，教育學主要習自美國、日本，歐洲僅法國有一人（崔載陽）。

（五）各派學門

　　對參加論戰者而言，構成彼此意見差異之因素，或與所學之不同有關。然而有些人之學用並不能配合（如王新命、陳高傭等），因此在分類標準上，概以教育部對其中任教者之分類為準，至於未列入其中者，則據其著作或職業來分類，以求瞭解專家之所長，下為分類表：

表 4-8：論戰學門分類表

學門＼類別／人數	I	II	III	IV	V	VI	VII	VIII	IX	合計	百分比
	16	3	2	12	3	10	15	10	2	73	100%
教育學	2	1	1	5	2	4	6	5		26	35.6%
中國文學	12			2		4	5	1	1	25	34.2%
經濟學				2			2	1		5	6.8%
歷史學			1			1		2		4	5.5%
心理學				1	1	1				3	4.1%
人文學				1						1	1.4%
哲　學									1	1	1.4%
圖書館學							1			1	1.4%
新聞學			1							1	1.4%
社會學	1									1	1.4%
軍事學	1									1	1.4%

類別	I	II	III	IV	V	VI	VII	VIII	IX	合計	百分比
物理學				1						1	1.4%
化　學		1								1	1.4%
地質學								1		1	1.4%
工礦學		1								1	1.4%

備註：IX 類中華大學爲一類，以一人計之。

綜觀上表之學科，與論戰主題「中小學應否讀經」直接相關的，當爲教育、中國文學兩學門，而此兩學門亦占 69.8% 之多數。在全部十五學門中，人數僅一人者，達十學門，占全部之三分之二；而剩餘的五學門中，反對讀經派在四學門占優勢，其中教育學爲 17：9；贊成讀經派僅在中文一學門占優勢（14：10），此種現象或建立在著眼點之不同（教育與經學）。在絕對反對派中，周予同係以研究經學史著名的，或許在深入鑽研以後，始知中小學生不適合研讀。在學習經濟學者中，李權時曾參加第二次全國教育會議，討論教育經費問題，且從事教書工作，對教育不外行。歷史、經濟、心理三學門，所從事者亦多爲教書工作看，故有教育經驗之人亦甚多，此點將於下一項詳述之。

（六）各派職業

各人之職業，可加強自己意見的權威性，而職業之不同，也可能造成衝突與論爭，故列表於下以爲探討之根據。

表 4-9：論戰職業分類表

職業 ＼ 類別（人數）	I	II	III	IV	V	VI	VII	VIII	IX	合計	百分比
	16	3	2	12	3	10	15	10	1	72	100%
官方研究機構				2				1		3	4.2%
大　學　校　長		1								1	1.4%
大　學　教　務　長						1		1		2	2.8%
大　學　院　長	1			1			1			3	4.2%
學　院　院　長							2			2	2.8%
專　科　校　長	1									1	1.4%
專　科　教　務　主　任						1				1	1.4%
大　學　系　主　任	1			1	1	1	3	1		8	11.1%
大　學　學　院　教　授	8		1	2	1	4	1	5		22	30.5%

職業	I	II	III	IV	V	VI	VII	總計	百分比
大學學院講師	1		1		1		1	4	5.6%
省　主　席	1							1	1.4%
省教育廳長					1			1	1.4%
教　育　官　員		1	2		1			4	5.6%
政　府　官　員					2	1		3	4.2%
中　學　校　長			1	1				2	2.8%
刊物書局編輯	1		1		2	2	1	7	9.7%
社　團　負　責　人		1		1		1		3	4.2%
政　黨　要　人		1						1	1.4%
職　業　不　詳	2				1			3	4.2%

備註：I類職業不詳為王節、憶欽。VII類職業不詳為倪塵因。

　　在上表中，人數最多為大學教授（占 30.5%），在絕對贊成與絕對反對二派中，亦是以教授為主，可謂旗鼓相當。若以學術聲望來論，則中央研究院院長蔡元培與北平研究院副院長李書華為最高，二人皆屬相對贊成派；在教育界，則以北平師範大學校長李蒸最高，江蘇及湖北教育學院院長高陽、姜琦次之，前者屬相對贊成派，後二者則為相對反對派；大學系主任，則以反對派居多。綜而言之，可謂雙方之聲望皆相當，唯反對派之教育界人物較贊成派為多（27：20）。若將參加者之職業綜合來看，則其人數多寡依序為：教育界（64%）→文化界（13.9%）→政府官員（12.6%）→學術界（4.2%）→黨政要人（1.4%）。足見此次論戰，基本上為教育問題之討論，且在教育性刊物進行，由於有政府官員的參加，其性質乃與現實背景牽連，較為複雜。

（七）各派所在地

　　學術地理分佈素為學者所重視，認為可藉此探得學術發展之某些因素。民國之文化發展，受區域之影響甚大；與西方文化接觸之先後，及地方原有之文化基礎，皆為塑造地方文化中心之條件。以讀經論戰之參與者而言，其與大學或獨立學院相關之人士較多，因而大學之分佈所在，或可視為文化水準較高之地，也與讀經論戰有密切關係。此種地理文化之因素，或許比各人之籍貫更加重要，其所發生之相互影響因素，也可能更大；因此乃將各人於論戰之時的所在地列表來觀察。此種所在地，實與就業地相同，與籍貫之關係不大。下為此表：

表 4-10：論戰所在地統計表

類別 所在地　人數	I	II	III	IV	V	VI	VII	VIII	IX	合計	百分比
	16	3	2	12	3	10	15	10	2	73	100%
無　錫	2					3	1			6	8.2%
慶　安	2					1		1		4	5.5%
廣　州	6			1		1	1	1		10	13.7%
上　海	4			6	2	3	5	2	1	23	31.5%
長　沙	2									2	2.7%
北　平		2		1				4		7	9.6%
南　京		1	2	3		1	4			11	15.1%
南　昌				1			1			2	2.7%
杭　州					1					1	1.4%
武　昌						1	1	1	1	4	5.5%
廈　門							1	1		2	2.7%
東　京							1			1	1.4%

備註：IX 類中華大學包括在內。

　　由上表可知，此論戰之參加者，乃集中於十二個城市；我們若以論戰之發生地——上海為中心，來描繪其四周之範圍，則東可至日本東京，西為湖南長沙，南及廣州，北抵北平。若以城市分佈所屬之地方來看，則國外一（東京），北方一（北平），南方二（廣州、廈門），其餘八個皆在中部地方，此種現象似可與籍貫分佈相吻合。

　　在諸城市中，以上海參與者最多，其原因除《教育雜誌》在上海刊行外（得地利之便），亦與上海之大專學校較多有關係。據教育部民國二十四年一月編印之「全國專科以上學校一覽表」指出，上海之公私立專科學校總數達二十五所，較排名第二之北平多八所〔註3〕。儘管如此，嚴耕望先生卻認為當時「第一流大學多在北平，學術中心也在北平。」〔註4〕此見解似能反映當時對學術水準與量之不同評價。北平之學校數量排名第二，亦是學術中心，為

〔註 3〕引自《申報年鑑》（民國 24 年），台北：中國文獻出版社，民國 55 年 9 月影印，頁 986。
〔註 4〕嚴耕望，《治史答問》，台北：商務印書館，民國 74 年 6 月，頁 93。

何參與討論之人數卻落於南京、廣州之後而列於第四位呢？推測其原因如下：

1. 參加討論者之投稿範圍大致固定，北方學者習於《獨立評論》發表意見，對於南方之教育雜誌則較少接觸（此亦可由《教育雜誌》歷年來之作者得到印證）。

2. 一般而言，北方學校設有教育系者，較南方少，因此參與討論者亦較少。

3. 南京爲中央政府所在地，中央機關亦多設於此（如教育部、中央研究院、國立編譯館、中央圖書館），故參與討論者較多；此外，因爲在民國二十三年有鑑於廣東令中小學實行讀經，曾引起南京教育界對文言白話之激烈辯爭〔註5〕，事隔一年，在《教育雜誌》號召下，自然許多人有興趣參加論戰。

4. 廣州中山大學爲廣東讀經之發源地，爲維護自己的立場，自需參加以爲辯解（此點可由中山大學有七位教授參與得知）。

綜合上述，可知參與論戰者受地域風氣之影響甚大，乃有此分佈狀況出現，然而論戰的引火人，只有古直參加討論，而胡適與陳濟棠均未參加，此或因胡適爲《獨立評論》主編，他的意見自然發生在《獨立評論》上，陳濟棠自辦《新民月刊》，亦無須參與討論。

（八）各派所屬機關

各人所隸屬機關之不同，對於意見的表達，也有影響，現先列表如下：

表 4-11：論戰所屬機關表

類別 所屬機關 人數	I	II	III	IV	V	VI	VII	VIII	IX	合計	百分比
	16	3	2	12	3	10	15	10	2	73	100%
北京大學								3		3	4.1%
安徽大學	2					1		1		4	5.5%
勳懃大學							1	1		2	2.7%
中山大學	5			1		1				7	9.6%
中央大學							1	1		2	2.7%

〔註 5〕 李國祁，《中國現代化的區域研究——閩浙台地區》，頁 971。

機關											
廈門大學							1	1		2	2.7%
武漢大學						1		1		2	2.7%
嶺南大學	1									1	1.4%
光華大學	1									1	1.4%
交通大學	1				1					2	2.7%
浙江大學					1					1	1.4%
復旦大學			1				2			4	5.5%
大夏大學			1							1	1.4%
暨南大學			1			1		1		3	4.1%
滬江大學							1			1	1.4%
中華大學									1	1	1.4%
北平師大		1								1	1.4%
湖北教育學院							1			1	1.4%
江蘇教育學院	1					3	1			5	6.8%
金陵女子文理學院			1							1	1.4%
正風文學院	1									1	1.4%
無錫國學專修學校	1									1	1.4%
中央政治學校		1								1	1.4%
南昌中學		1								1	1.4%
上海中學					1					1	1.4%
中央研究院			1							1	1.4%
北平研究院			1					1		2	2.7%
中央圖書館							1			1	1.4%
國立編譯館		1	1							2	2.7%
上海刊物書局編輯	1			1		1	1			4	5.5%
政府機關								1		1	1.4%
教育機關			1				3			4	5.5%
湖南省政府	1									1	1.4%
民間社團		1	1			2			1	5	6.8%
中國國民黨		1								1	1.4%
所屬機關不詳	1									1	1.4%

備註：I類所屬機關不詳為憶欽。

在上表中，屬中山大學者占七人（9.6%），高居首位。其中除陳鐘凡傾向相對反對外，有五人屬絕對贊成，此當與中山大學首開廣東讀經有關。江蘇教育學院五人（6.8%）居次，但僅有一人贊成，四人為相對反對派。若綜合來看，機關完全屬贊成有十三個，占全部的 37%；完全屬反對的有十個，占全部的 28.5%，在其餘贊成反對兼有之機關中，反對派較多的學校有五個，比起贊成派的一個，多了四個。故以量來說，反對派的勢力較大。若以機關所在地來看，則各個城市皆有贊成與反對的，其中廣州、南京贊成的較多，北平反對的較多，似也有些符合地域之別。在此尚有兩個現象值得一談：

1. 即人與學校之關聯

姚永樸於清末曾任京師大學堂經學教習，而京師大學堂正是清末與教育雜誌發生讀經論爭之機關，因此，姚永樸的態度是否曾受此歷史淵源所影響，仍值得考慮；同樣地，楊壽昌清末任教於存古學堂，亦是引起論爭的機關。

2. 人才的流動趨勢

某些人曾有較遠距離的被挖角現象，如方孝岳、陳鐘凡即是由上海到廣州任教的，杜佐周由南京中央大學至廈門大學任教，林礪儒、高覺敷即因勷勤大學創校，而分別由北平、上海去幫忙的，而劉南陔、范壽康即因武漢大學邀請，而由上海、安慶至武昌的。在此似已顯現人才由北平、上海、南京往內陸的武昌、南方的廈門、廣州流動之現象；個人所知的例外為容肇祖由廣州至北平任教，然容氏係因反對廣東讀經而被排擠離開的，不可相提並論。

（九）各派所屬社團

自清末傳入西方形式之學會、社團以來，此種組織人才的方式，對讀經也有相當的影響。現列表如下：

表 4-12：論戰所屬社團表

類別 人數 社團	I	II	III	IV	V	VI	VII	VIII	IX	合計	百分比
	16	3	2	12	3	10	15	10	1	72	100%
中國教育會	1	1	1	2	2	3	3	5		18	25%
中華學藝社	1			1		2	4			8	11.1%
中華童教社				1				1		2	2.8%
中國社教社						1	1			2	2.8%

中華職教社						1			1	1.4%
中華教育文化基金會	1							1	2	2.8%
外國社團	1		2	1		1			5	6.9%
中國國民黨	2	1	4			1	1		9	12.5%
其他社團	2		1		2	3	2		10	13.8%
社團不詳	9		1	1		2	1	1	15	20.8%

在眾人所屬社團中，中國教育會算是較多人的共同隸屬（占 25%），此或與參與者的職業多為教育界人物有關。中國國民黨為第二位，此與國民黨執政，致政府官員多為國民黨籍有關；在國民黨員中，柳亞子、蔡元培曾多次參加教育政策的制定，而有重要影響。中華學藝社占第三位，此為留日學生所辦的社團，由於中日關係的緊張，此社團之角色也因而更加重要。此外，胡樸安、柳亞子、古直、任鴻雋曾參加南社，任鴻雋除發起中國科學社外，亦是《獨立評論》社社員，關係較為複雜。江恒源、楊衛玉為中華職教社創辦人，對我國職業教育的倡導，頗具貢獻。唐文治於清末曾任江蘇教育總會長，參與各省教育總會議決初小不設讀經科的決定；然而，此時的態度業已完全改變，此或與其在民初從事國學教育活動有關。

（十）各派與教育雜誌關係

此種關係的探討，可使我們瞭解此次論戰的產生，是否純粹人為的安排，或亦可視為一般知識份子思想的反映。在此值得注意的是教育雜誌本身對此之區別和清楚的認識，如清末創刊時，即有主編、本社撰稿、來稿之區分。在復刊之後，亦有類似之區分，在此先列表如下，以為討論之根據：

表 4-13：論戰與教誌關係表

與教誌關係 ＼ 類別 人數	I	II	III	IV	V	VI	VII	VIII	IX	合計	百分比
	16	3	2	12	3	10	15	10	2	73	100%
特約撰述	1	1	1	4	3	4	7	5		26	35.6%
多次撰文	3	1		3		3	4	2	1	18	24.7%
首次選文	12	1		5		3	4	3	1	29	39.7%

備註：IX 類中華大學包括在內。

上表將依《教育雜誌》之劃分，而歸納三種類型來考察：

1. 特約撰述

在《教育雜誌》復刊後，爲使其撰述品質提高，特聘請七十四位教育專家任特約撰述。其中有二十六位曾參與論戰（占 35.6%），此又細分三類來談：

（1）曾任《教育雜誌》編輯者

此項有周予同、趙廷爲二人。周是停刊前之編輯，任職十年，趙原是撰文最多的三位作者之一（另二人爲高覺敷、杜依周），後以《教育雜誌》停刊，改在《東方雜誌》闢教育欄時，出任主編。因此，兩人與《教育雜誌》關係最密切。

（2）多次撰述者

在《教育雜誌》停刊以前，勤於賜稿的僅有趙廷爲、杜佐周、高覺敷、何清儒、姜琦、陳鶴琴數人，其餘皆是復刊後始撰稿的，因此雖曾多次撰稿，然關係之時間仍甚短。

（3）首次撰文者

雖是特約撰述，卻是至讀經論戰始首度撰文的有朱君毅、曾作忠、雷通群、鄭通和、吳家鎮五人，他們在《教育雜誌》的影響力，乃首次發揮。

2. 多次撰述

雖曾多次賜稿，卻不是特約撰述的，有十八人，其學門除有五人爲教育學外，大部分都不是，此爲其與特約撰述之最大區別。此外，最早參與《教育雜誌》撰述的二人顧實、蔡元培皆在此類中，顧實於宣統元年即撰文批判小學堂讀經之謬，事隔多年又再度參加討論。

3. 首次撰述

此類占 39.7%，爲數最多，其中大部分是中國文學，此或許是教育雜誌偏重教育學，故平時較少有中國文學學者參與！這次由於討論主題與中文相關，故有此現象。

若以絕對贊成及絕對反對來看，則絕對贊成者中，首次撰文者達十二人，僅一位是特約撰述，足見贊成讀經者爲宣揚自己的主張，而積極參與討論。若以特約撰述二十六人之立場來看，反對讀經者高達十九人，足見特約撰述有反對讀經之傾向。

　　綜合以上各項分析，我們對於參與論戰者有如下的描述：他們多在教育界服務，尤以大專階層最多，且學歷素質皆甚高，其所學以教育、中國文學為主，然而贊成讀經者以中國文學為主，反對讀經者以教育學為主，似與所學差異相關。意見之表達，多以個人為之，然因學校、社團、地點之類似，故有集中現象。參與者由於彼此之關係，乃使討論含有論戰性質。此次論戰也呈現學術之區域性與中國教育之轉變，如民國二十三年在南京展開的文言白話論爭，上海即未加入。南京在訂為國家首都後，由於新增許多官方學術機關，（如中央研究院設於十六年，國立編譯館立於二十一年，中央圖書館成立於二十四年）。這不僅增加南京的學術人才，也增加南京的學術活動，此亦是南京之參與者能居第二位之重要原因。

　　此次論戰的某些特質，似乎是當時的共同現象。我們試與前於此發佈本位文化建設宣言的十教授，做一個簡單的比較，似乎可發現其中的某些共通處。誠然十教授中的五位，後來曾參加讀經論戰，而何炳松是《教育雜誌》的主編，但也能透露某些訊息。

　　在年齡方面，讀經論戰平均為 42.1 歲，其中十教授以浙江、福建為主，略有異同。以學歷言，兩者均以國外留學為主，留學國之順序，均是美國、日本，所得學位均以美國碩士為最多。參加地點之順序，均是上海、南京、北平〔註6〕；因此，兩個運動有其類似之處。

〔註 6〕十位教授資料表：

項目＼人名	年齡	籍貫	學歷	所在地	資　料　出　處
王新命	44	福建	國內專科	上海	《新聞圈裡四十年》
何炳松	46	浙江	美國碩士	上海	《民國人物小傳》（二）
武堉幹	36	湖南	國內專科	南京	《專科以上教員名冊》（一）
孫寒冰	34	江蘇	美國碩士	上海	《教育雜誌》第二十五卷第四期
黃文山	37	廣東	美國碩士	南京	《專科以上教員名冊》（一）
陶希聖	37	湖北	國內學士	北平	《潮流與點滴》
章益	35	安徽	美國碩士	上海	《教育雜誌》第二十五卷第二期
陳高傭	34	山西	日本學士	上海	《教育雜誌》第二十五卷第四期
樊仲雲	35	浙江	不詳	上海	《教育雜誌》第二十五卷第四期
薩孟武	39	福建	日本學士	南京	《中年時代》

第二節　讀經論戰之派別與主張

　　民國二十四年五月十日《教育雜誌》第二十五卷第五號刊載了許多知名人士所發表的對於「讀經問題」之文章，因而掀起「讀經論戰」的另一高峰。這一次的論戰可分為三個派別：第一是絕對贊成讀經派；第二是相對贊成或反對讀經派；第三是反對讀經派。現將此三派之主張依序介紹於後。

　　首先來談絕對贊成經派。其組成份子有唐文治等十六人。他們贊成讀經的主張是：

一、學校讀經宜從小學開始

　　因小學年齡記憶力強，理解力弱，應正當發揮其所長；候至長成智識發達時，幼時記誦自能應用，屆時自當更感興趣。至於中庸大學則不妨讓學生自由研究，務期發揮其理解之本能，而使向來記憶者，至此豁然貫通，而得受其用。在教本的選擇方面，唐文治則認為：（一）初級小學三年級應讀孝經。孝經共一千九百零二字，唐氏特編《孝經大義》。（二）高級小學三學年應讀《大學》及上半部《論語》。大學共一千七百四十九字，論語自〈學而篇〉至〈鄉黨篇〉共六千八百九十三字，唐氏則編《大學大義》與《論語大義》等，使學生能將此等格言，印入腦筋，養成德性。（三）初級中學三學年應讀下半部論語及詩經選本。論語自〈先進篇〉起至〈堯曰篇〉止，計共八千九百八十六字，唐氏則編有《論語外篇》與《詩經大義》以為教本。（四）高級中學三學年應讀《孟子》及《左傳選本》。孟子一書共三萬六千五百八十九字，唐氏特編《孟子大義》以為高中前二年的教本，又編《左傳選本》於第三年採用。（五）專科以上各大學及研究院應治專經之學。唐氏則編有《十三經提綱》、《周易消息大義》、《尚書大義》、《洪範大義》、《禮記大義》、《中庸大義》各書，藉以做為讀經之入門。此外唐氏尚以為學者應博考群籍如《十三經註疏》、《古經解》、《小學彙函》、《通志堂經解》、《七經精義》、《皇清經解正續編》及諸大儒經說等，分門參考，庶幾學有實用，蔚成通才。〔註7〕

　　除唐氏外，憶欽對於教本亦有特別的意見，他認為：（一）小學應以《論語》、《孝經》、《典禮》、《少儀》、《內則》、《爾雅》等為教材。此等書籍均可量為節刪，所讀的應以合於小學生修養為原則；但凡涉及政治的，都可留待

〔註 7〕　〈唐文治先生的意見〉，《教育雜誌》第二十五卷第五號，頁 5。

將來補讀。（二）初級中學應以《孟子》、《詩經》、《檀弓》、《學記》、《禮運》等為教材。其中《檀弓》可選作國文教材、《學記》、《孟子》、《詩經》可全讀。（三）高級中學應以《尚書》、《王制》、《文王世子》、《祭義》、《祭統》、《坊記》、《表記》、《大學》、《中庸》、《春秋左傳》等為教材。其中《坊記》及《大學》、《中庸》、《孝經》似應全讀，餘均可量為節刪；而《尚書》、《左傳》亦可全讀。（四）大學中國文學系當研究《易經》、《儀禮》、《周禮》、《春秋公羊傳》、《春秋穀梁傳》諸書。以上諸學校中，每星期國文授課時間：如有七小時，可以五小時來讀經，兩小時讀文章；如有五小時，可以三小時讀經；如有四小時，可以三小時或兩小時讀經，以一小時或兩小時讀文章〔註8〕。江亢虎則認為初級小學應讀《論語》，高級小學應讀《孟子》，初級中學應讀《詩》、《書》、《易》，高級中學應讀《孝經》及《禮記左傳》節本；其時間：則在小學，讀經應占全部學程五分之一，在中學應占八分之一。依此類推，其自然結果是：小學讀經比較有誦讀熟習之可能，中學則瀏覽涉獵，除最少數篇章，如《禮記》中之〈大學〉、〈中庸〉、〈儒行〉、〈禮運〉等外，但觀其大略即可〔註9〕。由以上唐文治、憶欽與江亢虎所建議學校採取的教材來看，其主張小學讀經雖同但在教材的意見上仍是見仁見智的。另外顧實於清末時曾經發表〈論小學讀經之謬〉一文，反對小學讀經〔註10〕；然至此則亦贊成小學讀經，故顧氏在態度上實有明顯的轉變，這可能與他的年齡（六十歲）有關。除此之外，顧實在民國初年，歷任東南大學與滬江大學的國文教授，在當時又從事中國文學的研究，這可能影響他對讀經態度的轉變。

二、經書是我國先哲心傳之不朽傑作

經書是先哲心傳的傑作，是值得人人誦讀的。經書具有之特質有：（一）經書為吾國歷代學術思想之總匯，民情風俗之源泉，為一時國家推行政教之原動力，社會製造人物之大模型。（二）經書中之文字為吾國文字之所從來，故須特加保存藉以振起中國之特立精神。（三）經書中之微言大義犖犖大者，乃為昭示人類生活之原理原則，亙古今通中外而無以易。（四）經書為固有道德和智識之策源地。恢復固有道德和知識，也只有從讀經著手。孫中山先生

〔註8〕 〈憶欽先生的意見〉，《教育雜誌》第二十五卷第五號，頁23。
〔註9〕 〈江亢虎先生的意見〉，《教育雜誌》第二十五卷第五號，頁37。
〔註10〕 顧實，〈論小學堂讀經之謬〉，《教育雜誌》第一年第四期，宣統元年三月二十五日，頁58。

採取恢復固有民族地位之主張，見之於民族主義第六講。三民主義是孫先生在廣州對學生講演的，殷殷以恢復固有道德和智識相期望，處處引經書古義爲解譬，藉以確定其爲立國之方略。因此贊成讀經派基於以上兩種主張，認爲現今生活條件在變，故當用歷史眼光以求其異同，而爲新時代學術之發明。古今之人類，人同此心，雖數千年前之古訓，其原理原則仍可奉爲圭臬與模範，故與時代潮流並無相悖之處。

其次論到相對贊成派和反對讀經派，組成份子有四十五人。他們對讀經的主張，有相對的贊成和相對的反對的不同意見。

（一）相對贊成讀經派

主張分爲二類：第一類認爲在中小學中把經書的一部分精華處編爲教材，相對贊成讀經派的。支持這方面主張的，有李蒸、任鴻雋、陳立夫。他們認爲古代人的生活與經驗，未嘗不可以爲現代生活事實與改進之資助。故經可讀，必須加以選擇與再整理，以適用於現代人的生活，而且經書在經過相當的選擇與註釋之後，於中小學的課程裏加入每週一、兩小時的讀經，使學生們瞭解一些先民的歷史與思想，至少也不見得比令學生背誦近人的小說或遊記而被認爲是時間的浪費，並且在小學時代只可就經中嘉言懿行，改編爲語體文以爲教材，不必讀原文。第二類認爲經書初小不宜讀，高小以上卻不妨選讀。支持這方面主張的，有鄭鶴聲和朱君毅二人。他們認爲經書畢竟是千年之作品，時代環境既有不同，事理順背尤有出入，令青年學生難以瞭解，況經文語句多涉哲理，更須年長方能領悟。爲克服此一困難，他們主張取經義綱要，以史事作注腳，多舉實例使其理論趨於切實，且教材當與公民訓練科教材相輔教授，而尤以身體力行，不尚空談爲要，切不可歸入國文教材，徒資背誦而已。至於其編排方法，乃將經書內容分類編纂，分教高級小學及初級中學學生，至於高級中學生，則可讀某經節本，略窺其眞相。朱君毅並主將十三經中選取五種，依照學校階段，擬定應讀各經之種類與次序：

學　　　　校	經　　　名	頁　　數	百　分　比
高小（共二年）	毛　詩	146	8.67%
初中（共三年）	論語、孟子	42、87	2.49%、5.16%
高中（共三年）	春秋左傳	496	29.44%
大學（第一及第二年）	禮　記	246	14.60%
共	五　種	1017	60.36%

　　以上五種經書，共占全經份量的 60.36%〔註11〕。此一安排的優點是高小起實行讀經，則讀經對於初小四年之義務教育或普及教育，可不致發生阻礙。朱氏更認爲若在任何階段學校內，平均每星期能以兩小時的時間來讀經，則自高小第一年起，迄至大學第二年止，共有十年，以十年而讀五種經書其份量甚微，斷不致使學生因讀經而有礙於其他學科的學習。第三類認爲在大學中不妨當做一種專門的研究，中學中不妨選讀幾篇，小學讀經卻是有害無益。支持這方面主張的，有蔡元培、李書華、胡樸安、王新命、何清儒、楊衛玉、陳鶴琴、李權時、繆鎭藩、劉英士、吳自強、崔載陽等。其中亦有人提出對教材安排的看法，如蔡元培便認爲大學國文系的學生講一點詩經，爲史學系的學生講一點書經與春秋，爲哲學系的學生講一點《論語》、《孟子》、《易傳》與《禮記》，是可以贊成的；爲中學生選幾篇經傳的文章，編入文言文課本，亦是可以贊成的。但蔡氏認爲若要小學生也讀一點經，那是無益而有損的〔註12〕。胡樸安亦認爲小學斷不宜讀經，而且教科書中宜儘量採取孔子之行事與言論，使學生心中時時有孔子其人。中學宜讀節錄之論語。大學宜讀節錄之禮記。他並且指出《中國倫理學史》、《中國哲學史》、《中國政治思想史》等，皆以孔子之思想爲中心，俾學者對於中國民族特性的養成，有深刻的認識。在讀經一問題上，認爲在大學中宜設一專科，養成整理中國學術之人才，必不能在學校中普讀〔註13〕。另外李權時不但提出對教材

〔註11〕　朱君毅將中國十三經之種類及每種頁數與占全經份量之百分比，開列於下：
（以商務印書館藏版之無註十三經合訂本爲計算頁數之根據）

經書種類	頁　數	每經占全經份量之百分比	經書種類	頁　數	每經占全經份量之百分比
周　易	56	3.32%	尚　書	71	4.21%
毛　詩	146	8.67%	周　禮	134	7.95%
儀　禮	140	8.31%	禮　記	246	14.60%
春秋左傳	496	29.44%	春秋公羊傳	120	7.12%
春秋穀梁傳	112	6.65%	論　語	42	2.49%
孝　經	7	0.41%	爾　雅	28	1.67%
孟　子	87	5.16%	共十三種	1685	100.00%

　　以上參見〈朱君毅先生的意見〉，《教育雜誌》第二十五卷第五號，頁 45–46。
〔註12〕　〈蔡元培先生的意見〉，《教育雜誌》第二十五卷第五號，頁 46。
〔註13〕　〈胡樸安先生的意見〉，《教育雜誌》第二十五卷第五號，頁 47。

的看法，而且還對教材的鐘點有所安排，他認為四書（即《論語》、《大學》、《中庸》及《孟子》）為初中第三年級及高中一二三年級的必修課，每週講解一、二小時；以五經（即《詩》、《書》、《禮》、《易》及《春秋》）為大學一二三四年級的必修課，每週講授一小時。李氏認為這種辦法既與學生的科學訓練無妨，亦與提倡白話文的精神無礙〔註14〕。

（二）相對反對讀經派

相對反對讀經派所以不同於相對贊成讀經者，主要是以初中為界限。其主張亦可分為三類：第一類認為初中以下都不宜讀經，至少應從高中起。支持這方面的主張者有鄭西谷、黃翼和章益。他們認為經文的內容，不適合小學生和初中學生的領略、興趣和生活的需要，且因其國文根基太淺，故他們讀經，只是徒然浪費時間而已。所以他們進一步指出學生讀經可從高中一年級起，其中國文程度較高的學生可選讀曾用現代眼光選編的經書節本。為避免學生走入歧途起見，還得有研究過經書的教師，加以適當的指導。其他國文程度較低的學生或其志不在研究國學者，都不必讀經，省下寶貴的精力去學習他們所要學的功課。至於大學文科的國學系，應以讀經為主要的學程。因為國學系的學生對於各種經書，都應有系統的研究和深切的了解，這樣一方面可盡保存國粹的責任使經學不致成為絕學，另方面又可尋求經書的精義以為中國本位的文化建設專業做準備。至於其他研究政治、教育或實科的大學生可以自由選讀，不應強制他們讀經，也不必反對他們讀經。當然要是他們自己願意研讀，那麼多少亦可以得到些讀書的好處。第二類認為經書固不妨自由研究，但不宜叫中學以下的學生去讀。支持這方面的主張者有范壽康、謝循初、陳鐘凡、趙廷為、陳禮江、方天游、朱秉國、陳柱尊、傅東華等。他們認為小學生甚至中學生在內，如多讀經書不特虛費時光，且容易養成讀書不求甚解的惡習。讀書本是啓發思想的一種方法，讀而不能懂，思想反會被窒礙。況且經書只可以教少數人去讀，如大學中國文學系的學生或者其他專門研究國學以及整理國故的人等，皆係從事於國學的研究。自為非常的需要，如陳禮江便認為若要中小學生讀經的話，亦當(1)採取那些符合時代精神及需要的內容。(2)再以現代的語句譯其大意。(3)或酌量的取其原文。(4)與別的材料雜編在國文課本內令學生當國文教材研究，而不是像從前一字

〔註14〕 〈李權時先生的意見〉，《教育雜誌》，第二十五卷第五號，頁52。

一字的讀。這樣讀經之實卻有了，讀經之名就沒有了〔註15〕。第三類認為經學研究的價值，是專家鑽研的成果，不應叫青年人在故紙堆裏討生活。支持這方面主張者有杜佐周、高覺敷、姜琦、程時煃、高踐四、蔣復璁、劉百閔、吳研因、倪塵因、陳望道、謝六逸、孫寒冰、王治心、江問漁、周憲文等。他們認為中小學課程的繁重，誰都不能否認。即就現有的課程而言，教育學者尚擬為中小學學生請命，何況復加以現代兒童所甚難瞭解的經學呢？政府人士深知學科的重要，然學科的研究決非一朝一夕之功。中小學除語文教學外，尚須為學生的學科知識立一基礎，否則決難望養成現代的青年和國民。因此，讀經更難圖在中小學的課程中得一地位。若讀經能由研究文學的人，特別是研究古文學有興趣的人當做文學來讀；或是研究思想的人當做政治思想史，經濟思想史和倫理思想史來讀的話，相信可收到事半功倍的效果。基於以上各類的看法，我們可以看出這一派的主張大部分不贊成小學讀經，並且提出教育學的觀點以做印證，提供今後教育應該取擇的方向與目標。

再次論到絕對反對讀經派，組成份子有十人。其反對讀經的主張是中小學生不宜讀經，主要理由乃在於經書的程度高深不適於中小學生，且亦不合乎近代教育學的理論。他們認為在未興學堂以前即戊戌以前，對於兒童一開始就讀經；因為當時的教育理論，即是「蒙以養正」。到戊戌時代，因為歐美教育的影響，才覺得讀經不但耗腦力且傷身體。因此小學教育只有從兒童日常生活所見的教育起；至於中學生年齡不很長，當灌輸普通知識以為了解高深道理做預備工夫。大學時中國文學系和史學系要研究經書，或其他學系要用經書做參考，那又未嘗不可！

除以上三派主張外，另外還有葉青與武昌中華大學中國文學系若干教授的看法。葉青之意見包括教育、思想、文化、政治和社會，用意在以詳盡的論辯來反對讀經，最後並歸結到文化復興與民族復興之立場，認為讀經不可行。其文極受何炳松主編的賞賜，故特置於該書之顯著地位。中華大學中文系本身之討論，亦出現贊成、反對、相對三派之意見，可知其討論結果，亦有見仁見智之不同。

總之，讀經論雖經何炳松歸納成三派，然因參與者之背景與著眼點之歧異，故仍有其多樣性。然而以參與討論者之人數來看，持絕對贊成與反對者

〔註15〕〈陳禮江先生的意見〉，《教育雜誌》，第二十五卷第五號，頁69。

已占少數，大多數仍傾向有條件的贊成。此種現象產生之因，除與國人在接受西方文化數十年來，發現本國文化傳統有失落的危機，故欲藉此挽回頹勢外，或與中國教育思想的長足進步，以及與科學整理國故之成效有關。在這一歷史發展的情形下，經書的神聖觀念已被去除，知識分子頗能以平心靜氣的態度，以正視經書之內容，判斷其所含知識的性質，而加以適當的處理，此乃為讀經論戰所反映出的進步現象。

第三節　讀經論戰中心理論之剖析

在本時期的讀經論戰中，絕對贊成讀經派所指的是由傳統派這一系統發展而來的。相對贊成或反對讀經派則為調和派的系統。絕對反對讀經派即為西化派的系統。因為在民國建立之初，傳統派與西化派的新舊之爭最為明顯，經過五四以後，漸漸地發展出一條折衷的路線，此乃為「調和派」。此三派的主張，常因每時期的環境與需求的不同，隨之而異。其所繼承的思想亦有別。傳統派是繼承「文化保守主義」思想而來，西化派即繼承著「自由主義」思想這一脈絡，而調和派則繼承著「中體西用」思想，並且發展出一「本位文化主義」的思想。這三種思想均環繞著讀經論戰的議題核心，使「讀經問題」更具複雜性。今特將讀經論戰之中心理論的兩個側面，剖析於後。

一、中心論與邊陲論

中心論與邊陲論這兩個概念原是社會學者薛爾斯（Edward Shils, 1910－1995）所提出的〔註16〕。薛爾斯指出任何一社會者皆有其中心，在社會之結構中必有一中心地帶，此一中心與幾何學和地理學的意義無多大關係。個人在此加以借用，但不必完全遵循其原義。吾之中心論與邊陲論是指一價值與信仰領域具有統宰社會的一套價值與信仰之符號的核心地帶。與此「中心」相對者則為「邊陲」，處於邊陲之社會成員皆有尋求參與到中心之傾向。蓋個人唯有與中心構成關係，始能肯定、充實其生命活動之意義。我們可以說中心所代表者是社會之中心價值，每個社會成員必須投向中心，參與到中心價值之活動中，才免於疏離與失落。因此所謂的「中心」與「邊陲」之區分，

〔註16〕〈談中國現代知識分子的心態：從「中心」與「邊陲」之概念以了解中國百年之變〉，見金耀基，《中國現代化與知識分子》，台北：時報文化出版事業有限公司，民國 67 年 12 月 31 日三版，頁 48。

不止是客觀的認定而已，而且是每個人的心靈世界之反映。在這裏所指的中心觀，即是以讀經論戰所匯聚注意的焦點中心，即爲「相對贊成或反對讀經派」。邊陲觀則是讀經論戰所分散注意的邊陲，即爲「絕對贊成讀經派」與「絕對反對讀經派」。爲何可做如是之解說呢？因爲相對贊成派、反對讀經派的調和折衷路線，乃居當時之一主流的地位。其組成之分子不但在讀經論戰中占成員的多數，且多爲新知識分子，大部分留學於歐美與日本的，具有教育學與心理學的新知，故對教育乃有振衰起弊的作用，亦較能因應每一階段學生的心理需要，以收教育之功效。所以其主張較能切合重心，針對何炳松主編的論題的需要，對「讀經是否可以當做中小學校的必修科目」發表意見，終於能使「讀經」未來的走向更明確化的道路。

　　然從讀經論戰中的地域之角度來看，當時中國主要的文化中心有四個地區，即上海、北平、南京、廣州等四處。其中學校之分佈，亦有其「中心」與「邊陲」的二分法。以經學的研究而論，此時的南方各校主「古文經」的爲多，北方各校則主「今文經」的爲多。依據周予同的觀察：「主『今文』的對新事物較易接受，主『古文』的則對新事物每趨抗拒，青年學人爲超脫傳統的學派偏見，從歷史入手，由瞭解經學來否定經學，不致老是陷在『落後的』泥沼裏。」〔註 17〕由此可知周氏對讀經的看法，正可詮釋「絕對贊成讀經派」與「絕對反對讀經派」的不同性格。周氏是立於「絕對反對讀經派」這一方的，所指的主古文的地域，亦即指南方的無錫、廣州等地各校，因其對新事物採取抗拒的態度，故多爲絕對贊成讀經派。彼等大部分爲傳統的知識分子，其思想亦傾向於文化的保守主義，故特爲重視傳統教化，志在宏揚儒學，所以提倡讀經，謀固有文化之免於滅絕，民族思想之得以延續，因而實具有近代民族主義文化之固有特色〔註 18〕。另周氏所指的今文之地域乃爲北方的北平各校，因其對新事物較易接受，故多爲絕對反對讀經派。他們大部分爲留學歐美的西化派人士，秉持著文化自由主義的思想，對提升心智的多面性及品質有肯定的興趣，以便能對人的生活的種種可能性做同情的理解和批判的態度〔註 19〕。故對傳統文化的讀經多採取嚴厲的批判，且依憑其對

〔註 17〕　〈周予同自傳〉，見《中國當代社會科學家》第一冊，北平，1980 年，頁 235。
〔註 18〕　〈清季學會與近代民族主義的形成〉，見王爾敏，《中國近代思想史》，台北：華世出版社，民國 71 年 1 月三刷，頁 223。
〔註 19〕　Charles Frankel, *Intellectual Foundations of Liberalism*（自由主義的思想基礎），文內提及「Liberalism and Liberal Education」（自由主義與自由教育），

傳統的認識，堅決地反對讀經。以上二者乃爲讀經論戰中學校分佈之「邊陲」，而上海、南京、武漢等地的學校則居二者之中心，大多爲相對贊成派、反對讀經派，爲一調和折衷的脈絡，故此乃爲以上二文化圈之交匯，亦爲讀經論戰之學校分佈的「中心」。上述這套中心價值系統之主要功能，乃借之於社會學家帕森思（Talcott Parsons 1902-1979）之理論，其目的乃在「整合」（integration），亦即強固社會之和諧與整體性〔註20〕。由此可知，追求中國西化的知識分子，應該理性地打破傳統與西化的二極觀，即西方文化與中國文化的二極觀，而尋求一個「運作的，功能的綜合」（operative, functional synthesis），即一個新的「理想的認同」。這個新的理想認同，即爲調和折衷的相對贊成派、反對讀經派於讀經論戰中的主張，且因主張與所處地域皆中國文化的中心地帶，故有結合中國傳統文化與西方文化之要求，發展而爲中國文化的新形象，此即所謂的「本位文化主義」〔註21〕，以來解決中國當時讀經所面對的各種問題。

二、實用價值論

「實用價值論」爲讀經論戰的另一中心理論。當時絕對贊成讀經派，相對贊成派、反對讀經派與絕對反對讀經派等除對核心議題「中小學生是否可以讀經」，提出各自的看法外，吾人可從他們個別意見中歸納出三個實用價值

New York: Columbia University Program of General Education, 1976, pp.3-11.
〔註20〕帕森思認爲任何一個社會系統如要存在和發展，必須有四種基本而必備的功能，一是「適應」（adaptation），指社會系統必須對外界之壓力與需求有所適應，此則包括改變外界之狀態。二是「目的獲求」（goal-attainment），指社會系統在「認定」目的之後，動員內在之資源加以獲求。三是「模式維持」（pattern-maintenance），指維持社會系統之文化模式言。四是「整合」（integration），指社會系統須將系統內部之各單元調和統一爲整體之謂。帕森思之「社會系統論」極爲複雜，非此處所能盡述。我們應特別說明的一點是，社會系統四種功能並非必然地互相支撐的或等量重要的，它們是可以互相衝突的，也可以有所偏重的，這是我們理解社會系統發生演變的基因。以上見 Talcott Parsons et.al., *Working Papers in the Theory of Action*, Glencoe Ill: Free Press, 1953, pp.183-186。另帕森思的高足 Robert N. Bellah 即曾以此理論架構作基底，來研究德川幕府日本社會的價值，以明日本工業化之因。日本社會系統之中心價值是「目的獲求」，而中國傳統社會中心價值是「整合」。白拉之說雖失之籠統抽象，但卻新鮮而有啓發性。以上見 Tokugawa Religion, *The Values of Pre-Industrial Japan*, Boston: Beacon Press, 1957, pp.1-10, 188-192。
〔註21〕本位文化主義，即根據中國「此時此地的需要」，來淘汰舊文化與吸收新文化，絕對不是排斥外來之文化，或是保存固有文化。

之論題：（一）就國家而言，讀經是否能達到救國之目標？（二）就社會而言，恢復固有道德與智能是否能挽救頹敗之社會風氣？（三）就教育而言，學校讀經課程之提倡，是否對當時教育有補偏救弊之功效？如果以上的答案是肯定的，爲何還會有民國二十六年日本侵略中國的暴行發生呢？緣是之故，於下我們必須對當時教育施行之現況做更深入的了解，方是。

民國二十一年一月，中國教育學會在上海創立時，於創立會中所討論的主題即爲國聯教育調查團的報告書。這個調查團的構成分子，多爲歐洲大陸及英國的學者和教育專家。他們從歐洲教育的觀點來看中國教育，並且做成具體建議，要點爲：中國教育應尊重固有文化，國民教育應求普及，中等教育應將普通陶冶、就業準備及升學準備來分別實施。大學教育應建立標準尤應採用與本國有關之教材〔註 22〕。這些建議大多是切中時弊的。中國教育學會中的學者鄭通和（即鄭西谷）和杜佐周〔註 23〕，在日後的讀經論戰中，成爲相對的反對讀經派的代表，故二氏之主張與以上之建議實不謀而合。

民國二十二年，吳俊升曾在《大公報》的教育副刊「明日之教育」內，發表其〈重新估定新教育理論與實施的價值〉一文，鑑於當時在國內杜威一派所推行的新教育，不論其理論與實施均紛紛變化而沒有重心，因而引起矛盾衝突和混亂以致失去效率，並導致偏重個性、自由、興趣、放任主義、心理主義、活動主義和狹隘的實用主義之趨勢。於是吳氏乃提出「中國教育需要一種哲學」的主張，要全國各方面先知先覺對於中國過去的文化和現時的社會需要做出一番綜合的考察來確定一種普通哲學〔註 24〕。吳氏的此種看法實與本位文化主義，根據中國「此時此地的需要」性質相同。此外，吳氏並且認爲教育的效能原是有效和迂緩的，要解救國家不能全賴教育，也不能放棄百年大計，但求速效。國家危難期間所需要的教育，不應該只是在原有教育外另加一部分特殊教育，應該是全部貫徹救國的教育。不應該只是應付一時非常局面之教育，應該還是應付來日大難之教育。吳氏之文即是「論國難期內教育」〔註 25〕。此一觀點對於當時要求停止平時教育改辦戰時教育之主張，實發生了平衡之作用，亦對於後來對日抗戰時教育政策之制定與實施，

〔註 22〕 吳俊升，《教育生涯一周甲》，台北：傳記文學出版社，民國 65 年 5 月 1 日初版，頁 66。
〔註 23〕 《全國文化機關一覽》，民國 23 年，頁 128－129。
〔註 24〕 吳俊升，《教育生涯一周甲》，頁 64。
〔註 25〕 這篇論文發表於民國 25 年。

不無影響〔註 26〕。因此可知，讀經救國論的實用價值是值得商榷的。

是年十二月二十五日，朱家驊也發表了〈九個月來教育部整理全國教育之說明〉一文，認為中國民族復興必須有待於教育者有二方向：一為養成國民之民族觀念。二為恢復國民之民族自信。故對改良課程甚為注意，小學課程標準遵照中央意旨，將黨義教材滲入各科目中，不特設一科。至於中學課程，黨義亦不復設科，使其融會貫通於各科中，另設公民以為公民訓練中心科目。欲初中學生通曉國情，必須以本國歷史綱要及地理環境之教學為主，旁及世界史地之大概，及示其所居之國家與個人、世界有如何之關係，以激醒其民族觀念與民族情感。高中課程，國文教學在於簡潔文字，清晰條理，自由發揮理想。復令高中生閱讀古書，為將來升入大學研究古書，整理中國文化之預備。大學課程，因大學為研究學術之所，其所研究之學科，必須由基本而專門，做有系統之研究。因鑒於各級學校對於訓育，殊不講求，以致學生失其管束。又以當時學潮迭起，幾無一校可以倖免，尤以中學訓育制度不良為最。此乃因中學訓育制度，厥為訓育與教學分離有以致之。智識與道德原不可分，必於智識傳授中寓道德修養，道德方能深入。唯於道德修養中寓智識之傳授，智識方為實學。學校教學與學校訓育必須打成一片，使傳授智識之教育兼為修養道德之指導，而後學生為德即所以為學，為學即所以為德，德業日進，學業亦日進。中學訓育既良，則大學教授領導學生之思想，做孜孜不倦之學術研究，而學潮亦有消弭無形之機，教育乃可收樂育之功〔註 27〕。德與智能發揮在日後的新生活運動便是以教育勸導的方式來教導人民的生活〔註 28〕。由此可知，其欲恢復固有道德與智能來挽救社會的風氣，唯其實施效果如何，尚難予以正確的評估。

總之，經過此次的讀經論戰以後，教育界人士不但對讀經問題有了更深切的瞭解，而且對「經書」亦能做一適切地安排，並且針對當時中國的需要性加以取捨。

〔註26〕 吳俊升，《教育生涯一周甲》，頁 65－66。

〔註27〕 吳俊升，《教育生涯一周甲》，頁 11－40。

〔註28〕 陸寶千評論鄧元忠〈新生活運動之政治意義闡釋〉一文，載入《抗戰前十年國家建設史研討會論文集（1928－1937）》上冊，中央研究院近代史研究所編，民國 73 年 12 月，頁 42。

第五章　結　論

　　在中國文化史上，經學之成立與發展，實爲塑造中國思想與性格之主要依據與動力，因此研讀聖賢典籍乃成爲歷代士人所必經之人生歷程。在歷代政府尊崇與重視下，經學得以保有其至高無上之特殊地位，而發揮其綿延不絕的影響。

　　然而此種經學獨尊之局面，在中國與西方接觸的過程中動搖了。隨著西方科技文明的不斷衝擊，傳統經學由於未發揮抗拒的功能，其光輝乃在中國的被迫西化中逐漸褪色。隨著中體西用思想的開展，清廷的教育改革，雖仍欲保持經學之獨尊地位，終以不合時勢需求，遭致各方的反對與責難。儘管如此，當宣統三年中央教育會議決議廢除小學讀經時，仍因保守分子的激烈反對，及中央政府之不表支持，終告失敗。同時亦由此開啓民國元年教育部廢經之契機。

　　自辛亥革命成功後，隨著新思潮的衝擊與中國社會結構的改變，進一步的教育改革，乃成爲必然之舉。在蔡元培出掌教育部後，鑑於清朝之教育宗旨與學制課程俱已不符合民國時代之需求，於是乃在陸費逵等之協助下，毅然將讀經課程與祀孔典禮自學校章程中刪除。在此次改革中，陸費逵與《教育雜誌》實扮演著推動的角色。隨著政府的北遷，政權亦淪入袁世凱手中。在袁氏帝制野心下，尊孔與讀經亦告復活，尊孔之浪潮亦成爲帝制過程中之重要插曲。在袁氏帝制失敗後，黎元洪繼任大總統，方將此引人非議的學校讀經再度刪除。然而讀經之風並未因此平息，不論中央或地方提倡讀經之呼聲仍時有所聞。中央政府在徐世昌、段祺瑞、張作霖主政時代，皆有提倡讀經的措施。地方政府在軍閥之控制下，響應讀經者亦大有人在，故讀經一事

乃成爲此階段之最大特色。

隨著北伐的勝利，國民政府乃有統一中國教育的政策產生，其具體措施即是以三民主義思想貫注於教育宗旨中，自此而後，中國教育發展與變革乃有規範可循。在此過程中，由於中共倡亂於內，日本侵逼於外，使國家面臨空前的危難，處此局勢之下，國民政府除在政略上採取「安內攘外」的措施外，並在文化精神上有所變革，以激勵國人的愛國情操與自強信念，因之乃有諸多文化運動的倡導。教育界處此動盪之局，亦思在教育變革中尋求挽救之處方，因而有一連串教育救國的討論。甚至部分地方軍政首長，如何鍵、陳濟棠、宋哲元等，由於身感赤禍與日寇之威脅，亦欲藉激勵民族精神來加以對抗。於是乃有提倡讀經的措施出現。此種作法雖得部分守舊學者的支持，卻招來教育學家的非議與抨擊。如胡適與陳濟棠之公開衝突，即可作爲新舊學者讀經論爭的導火線。

《教育雜誌》自清末以來，即執中國教育研究之牛耳，至此階段，在主編何炳松的積極策劃下，乃向全國教育家徵稿，欲對讀經問題加以徹底的檢討。由於此一問題引人注目，導致許多人的自願參與討論，綜觀所有參與者中，大部分有留學外國的經驗，所學則以教育、國文二學門最多，然而其他學科之參與者亦不少，使此問題能得各種角度之討論，倘以平均年齡而論，則以絕對贊成讀經派爲高。但是絕對反對讀經派卻非年齡最輕者，此實爲一有趣味之現象。以職業而論，參與者以教育界居多，其中尤以大專教授爲主，而使此論戰之素質因之提高。至於參與者之地區，則大多集中於上海、南京、廣州、北平等城市。

綜論參與論戰者之思想與主張，贊成讀經派雖然對讀經課程有細密的規劃與輝煌的目標，而以挽救國家文化危局作爲號召，可是在新式教育學者反對之下，卻引起一陣串的讀經論戰。然而在論戰之過程中，對於「藉由經書瞭解中國文化之本源」一點，亦曾取得雙方的共識。因此如何在課程改革中適切地安排經書之角色與地位，亦成爲未來讀經問題之新課題。在此論戰中，由於折中調和之意見最多，頗能反映出國人傾向中庸之心態。不過亦由於此種思想傾向，乃使讀經問題無法得到根本的解決，塑造了讀經問題隨時局而定之性質。

徵引書目

一、中文部分

（一）公報、報紙、雜誌

1. 《大中華雜誌》，台北：文海出版社，近代史叢刊續編第五十五輯。
2. 《大公報》（天津版），民國 12 年 5 月、24 年 1 月。
3. 《社會新聞》第十二集，民國 24 年 7 月。
4. 《政府公報》，台北：文海出版社影印本，民國 2 年 - 5 年。
5. 《國聞週報》第十一卷 - 十二卷，民國 22 年 - 23 年。
6. 《教育雜誌》第一卷 - 二十五卷，宣統元年 - 民國 24 年。
7. 《順天時報》，民國 13 年 - 17 年。
8. 《傳記文學》第四十五卷 - 四十八卷，民國 73 年 - 75 年。
9. 《新民月刊》第一卷，民國 24 年。
10. 《廣州市教育月刊》第四卷，民國 24 年。
11. 《獨立評論》第一四一號 - 第一五一號，民國 24 年 3 月。

（二）專　書

1. 丁文江，《梁任公先生年譜長編》，台北：世界書局，民國 61 年再版。
2. 厂民編，《當代中國人物志》，台北：文海出版社，近代史叢刊續編第 50 輯。
3. 大陸雜誌社編，《中國近代學人象傳初輯》，台北：大陸雜誌社，民國 60 年。
4. 不著撰人，《江蘇學務文牘》，江蘇：學務公所，宣統 2 年。
5. 不著撰人，《陳濟棠先生紀念集》，台北：大漢書局，民國 46 年。

6. 中共人名錄編委會，《中共人名錄》，台北：國關研究所，民國 56 年。

7. 中華民國大學院編，《全國教育會議報告》（民國 17 年），台北：文海出版社，近代史叢刊續編第 43 輯。

8. 中華民國史事紀要編委會編，《中華民國史事紀要》（民國元年），台北：中華民國史料研究中心，民國 60 年。

9. 中華民國當代名人錄編委會，《中華民國當代名人錄》，台北：中華書局，民國 68 年。

10. 王汎森，《章太炎的思想及其對儒學傳統的衝擊》，台北：時報文化出版公司，民國 74 年。

11. 王連生，《教育概論》，台北：樂羣出版公司，民國 65 年。

12. 王健民等，《潘公展傳》，台北：北市新聞記者公會，民國 65 年。

13. 王新命，《新聞圈裏四十年》，台北：海天出版社，民國 46 年。

14. 王爾敏，《中國近代思想論》，台北：華世出版社，民國 71 年。

16. 王爾敏，《近代中國思想研究及其問題之發掘》，台北：學生書局，民國 66 年。

17. 王爾敏，《晚清政治思想論》，台北：學生書局，民國 58 年。

18. 王鳳喈，《中國教育史》，台北：正中書局，民國 56 年 6 版。

19. 王樹槐，《中國現代化的區域研究──江蘇省》，台北：中研院近史所專刊，民國 73 年。

20. 申報年鑑社編，《申報年鑑》（民國 24 年），台北：中國文獻出版社，民國 55 年。

21. 皮錫瑞，《經學歷史》，台北：河洛出版社，民國 63 年。

22. 任時先，《中國教育思想史》，台北：商務印書館，民國 63 年五版。

23. 朱希祖，《朱希祖先生文集》，台北：九思出版公司，民國 68 年。

24. 余書麟，《中國教育史》，台北：師範大學出版祖，民國 60 年 3 版。

25. 吳佩孚，《吳佩孚先生集》，台北：民國 49 年。

26. 吳俊升，《教育生涯一周甲》，台北：傳記文學社，民國 65 年。

27. 吳相湘，《民國百人傳》第三冊，台北：傳記文學社，民國 60 年。

28. 吳相湘主編，《民國史料叢刊》，台北：傳記文學社，民國 60 年。

29. 吳經熊，《中國制憲史》，上海，民國 26 年。

30. 李立明編，《中國現代六百作家小傳資料索引》，香港：波文書局，1978 年。

31. 李書華，《碣廬集》，台北：傳記文學社，民國 56 年。

32. 李國祁，《中國現代化的區域：閩浙台地區》，台北：中院近史所專刊，

民國 71 年。

33. 李國祁,《張之洞的外交政策》,台北:中央研究院近代史研究所專刊,民國 59 年。

34. 李雲漢,《宋哲元與七七抗戰》,台北:傳記文學社,民國 62 年。

35. 李雲漢、戴季陶,《中國歷代思想家》第十冊,台北:商務印書館,民國 67 年。

36. 李新主編,《民國人物傳》第二卷,北京,中華書局,1980 年。

37. 沈雲龍,《民國史事與人物論叢》,台北:傳記文學社,民國 70 年。

38. 沈雲龍,《徐世昌評傳》,台北:傳記文學社,民國 68 年。

39. 周振甫,《嚴復思想述評》,台北:中華書局,民國 53 年。

40. 宗志文主編,《民國人物傳》第三卷,北京,中華書局,1981 年。

41. 房兆楹輯,《清末民初洋學學生題名錄》初輯,中央研究院近代史研究所史料叢刊,民國 51 年。

42. 金耀基,《中國現代化與知識份子》,台北:時報出版公司,民國 67 年。

43. 胡平生,《民國初期的復辟派》,台北:學生書局,民國 74 年。

44. 胡美琦,《中國教育史》,台北:三民書局,民國 67 年。

45. 胡適,《胡適選集》,台北:翻印本。

46. 范文瀾,《中國通史簡編》第二編,台北:翻印本。

47. 紀昀等,《四庫全書總目》,北京:中華書局,1964 年。

48. 原春暉,《中國近代教育方略》,台北,民國 52 年。

49. 孫寒冰主編,《社會科學大綱》,上海:黎明書局,民國 25 年。

50. 孫湘德、宋景憲編,《宋故上將哲元將軍遺集》,台北:傳記文學社,民國 74 年。

51. 徐復觀,《中國經學史的基礎》,台北:學生書局,民國 71 年。

52. 康有為,《南海先生戊戌奏稿》,台北:文海出版社,民國 64 年。

53. 張之洞,《勸學篇》,台北:文海出版社,近代史叢刊。

54. 張文伯,《吳稚暉先生傳記》,台北:傳記文學社,民國 60 年。

55. 張怡祖編,《張季子九錄》,台北:文海出版社,民國 54 年。

56. 張朋園,《中國現代化的區域研究:湖南省》,台北:中央研究院近代史研究所專刊,民國 71 年。

57. 張相文,《南園叢稿》,台北:文海出版社,近史叢刊第 30 輯。

58. 張效彬,《華夏傳統思想習慣考略》,新加坡:南洋孔教會,1962 年。

59. 戚宜君,《張宗昌的傳奇》,台北:精美出版社,民國 74 年。

60. 梁啓超，《清代學術概論》，台北：中華書局，民國 59 年。

61. 梁鼎芬，《節庵先生遺稿》，香港：楊敬安印行，1965 年。

62. 蔣維喬等，《國學研究會演講錄》，台北：廣文書局，民國 69 年。

63. 莊文亞編，《全國文化機關一覽》（民國 23 年），台北：中國出版社，民國 62 年。

64. 莊吉發，《京師大學堂》，台大文史叢刊，民國 59 年。

65. 莊義芳，《蔣夢麟與抗戰前之中國教育》，政大史研所碩士論文，民國 69 年。

66. 陳子褒，《教育遺議》，台北：文海出版社，近史叢刊 91 輯。

67. 陳青之，《中國教育史》，台北：商務印書館，民國 52 年。

68. 陳啓天，《近代中國教育史》，台北：中華書局，民國 58 年。

69. 陳濟棠，《陳濟棠自傳稿》，台北：傳記文學社，民國 63 年。

70. 陳濟棠先生逝世二十週年紀念會籌備處編，《陳伯南先生逝世二十週年紀念集》，台北，民國 63 年。

71. 陶希聖，《潮流與點滴》，台北：傳記文學社，民國 68 年。

72. 陸寶千，《清代思想史》，台北：廣文書局，民國 67 年。

73. 勞乃宣，《桐鄉勞先生遺稿》，台北：文海出版社，近代史叢刊 36 輯。

74. 曾華璧，《民初時期的閻錫山》（民國元年至 16 年），台大文史叢刊，民國 70 年。

75. 黃中，《我國近代教育的發展》，台北：商務印書館，民國 69 年。

76. 黃良吉，《東方雜誌之刊行及其影響之研究》，台北：商務印書館，民國 58 年。

77. 黃福慶，《清末留日學生》，台北：中央研究院近代史研究所專刊，民國 72 年。

78. 舒新城，《近代中國教育史料補編》，台北：天一出版社。

79. 楊伯峻譯注，《論語》，台北：河洛出版社，民國 67 年。

80. 經世文社編，民國經世文編，《教育、宗教、道德》，台北：文海出版社，民國 61 年。

81. 楊家駱編，《民國名人圖鑑》，上海：辭典館，民國 26 年。

82. 葉健馨，《抗戰前中國中等教育之研究》（民國 17－26 年），台北：文史哲出版社，民國 71 年。

83. 臧勵龢主編，《中國人名大辭典》，台北：商務印書館，民國 66 年。

84. 劉汝明，《劉汝明回憶錄》，台北：傳記文學社，民國 55 年。

85. 劉紹唐主編，《民國人物小傳》第一至六冊，台北：傳記文學社，民國

64 年－73 年。

86. 德明專校編,《陳伯南先生年譜》,台北,民國 61 年。

87. 蔡元培,《蔡元培自述》,台北:傳記文學社,民國 56 年。

88. 褚承志編,《王鴻一先生遺集》,台北:山東文獻社,民國 67 年。

89. 鄭子展編,《陸費伯鴻先生年譜》,台北:中華書局,民國 66 年。

90. 鄭通和,《六十自述》,台北:三民書局,民國 61 年。

91. 錢穆,《八十憶雙親師友雜憶合刊》,台北:東大圖書公司,民國 72 年。

92. 瞿立鶴,《張謇的教育思想》,台北:學生書局,民國 65 年。

93. 鄺士元,《中國學術思想史》,台北:里仁書局,民國 70 年。

94. 譚嗣同,《譚瀏陽全集》,台北:文海出版社,近代史叢刊。

95. 嚴耕望,《治史答問》,台北:商務印書館,民國 74 年。

96. 顧敦鍒,《中國議會史》,台中:東海大學,民國 51 年。

97. 顧維鈞,《參與國際聯合會調查委員會中國代表處說帖》,台北:文星書店,民國 51 年。

（三）論　文

1. 方聞,〈趙公戴文傳稿〉,《山西文獻》第二期,台北,民國 62 年 7 月。

2. 王家儉,〈由漢宋調和到中體西用:試論晚清儒家思想的演變〉,《師大歷史學報》第十二期,台北,民國 73 年 6 月。

3. 王萍,〈民初的教育問題〉（民國元年至 15 年）,台北:中華民國歷史與文化學術討論會,民國 73 年 5 月。

4. 江生,〈桐鄉陸費伯鴻先生傳略〉,《浙江月刊》第十三卷八期,台北,民國 70 年 8 月。

5. 呂士朋,〈抗戰前十年我國的教育建設〉,台北:中華民國歷史與文化學術討論會,民國 73 年 5 月

6. 杜容之,〈中國新文化運動的發展〉（下）,《台灣文化》第二卷四期,台北,民國 36 年 7 月。

7. 林慶彰,〈實證精神的尋求:明清考據學的發展〉,收於《中國文化新論‧學術篇》,台北:聯經出版公司,民國 70 年。

8. 商山皓,〈南天王陳濟棠外傳〉,《藝文誌》第九十四期,台北,民國 62 年 7 月。

9. 張家昀,〈韓復榘的一生〉,《世界華學季刊》第四卷三期,台北,民國 72 年 9 月。

10. 許弘義,〈國學保存會的組織與活動〉,《食貨月刊》第五卷九期,台北,民國 64 年 12 月。

11. 陳啓天，〈近代中國教育的演變〉（下），《東方雜誌》復刊第二卷九期，台北，民國 58 年 3 月。

12. 楊懋春，〈清末民初中國新知識階級的形成〉，《中央研究院民族研究所集刊》第三十八期，台北，民國 63 年。

13. 鄔慶書，〈陳重遠先生傳〉，中山大學《文史學研究所月刊》第三卷一期，民國 23 年 3 月。

14. 鄧元忠，〈新生活運動之政治意義闡釋〉，收於《抗戰前十年國家建設史研討會論文集》（上），台北：中央研究院近代史研究所，民國 73 年。

15. 盧元駿，〈經學之發展與今古文之分合〉，收於《經學論文集》，台北：黎明文化公司，民國 70 年。

16. 謝國楨，〈近代書院學校制度變遷考〉，收於《張菊生先生七十生日紀念論文集》，上海：商務印書館，民國 26 年。

17. 蘇雲峰，〈民初之知識份子〉，《第一屆歷史與中國社會變遷研討會論文集》（下），台北：中央研究院三民主義研究所叢刊，民國 71 年

18. 蘇雲峰，〈近代中國教育思想之演變〉，《中央研究院近代史研究所集刊》第十期，台北，民國 70 年 7 月。

二、日韓文部份

1. 日本外務省情報部編纂，《現代中華民國人名鑑》，東京，昭和 7 年。

2. 田原天南編纂，《清末民初中國官紳人名錄》，北京：中國研究會，1918 年。

3. 波多野乾一，《現代支那之記錄》，東京，1928 年。

4. 橋川時雄，《中國文化界人物總鑑》，東京：名著普及會，昭和 57 年覆刻版。

5. 鈴木健一，〈滿洲國の國民教育と教員養成問題〉，收入《酒井忠夫先生古稀祝賀記念論集》，東京：圖書刊行會，昭和 57 年。

6. 玄圭煥，《韓國流移民史》，漢城：大韓語教科書株式會社，1967 年。

三、英文部份

1. Arthur F. Wright (1960). *The Confucian Persuasion*, California: Stanford University Press.

2. Arthur F. Wright and Denis Twitchett (1962). *Confucian Personalities*, California: Stanford University Press.

3. Robert Neelly Bellah (1957). *ToKugawa Religion: The Values of Pre-Industrial Japan*, New York: Free Press.

4. David S. Nivison and Arthur F. Wright (1959). *Confucianism in Action*,

California: Stanford University Press.

5. William Theodore de Bary (1983). *The Liberal Tradition in China*, Hong Kong: Chinese University Press.

6. Charles Frankel, (1976). *Liberalism and Liberal Education*, New York: Columbia University, Program of General Education.

7. Donald G. Gillin, (1967). *Warlord : Yen His-shan in Shansi Province 1911-1949*, Princeton: N. J., Princeton University Press.

8. Frederick W. Mote (1971). *Intellectual Foundations of China*, New York: Knopf; Taipei: Rainbow-Bridge Book Co.

9. Talcott Parsons et.al (1953). *Working Papers in the Theory of Action*, Glencoe: Illinois Free Press.

10. Y. C. WANG（汪一駒）(1966). *Chinese Intellectuals and the West 1872-1949*, Chapel Hill: University of North Carolina Press.